2023 Júbilo Iwata Supporter's Magazine
ジュビロ磐田 サポーターズマガジン

Dreams & Emotions

vol. 147

■発行
株式会社ジュビロ
〒438-0025 静岡県磐田市新貝2500
TEL.0538-32-1148 FAX.0538-37-4464

■情報の管理先
株式会社ジュビロ 静岡県磐田市新貝2500
株式会社SBSプロモーション 静岡県浜松市中区旭町11-1 プレスタワー11F

Producer／加藤真史（ジュビロ）
Editor／柴田さよ、能勢直、持永知美（ジュビロ）
Director／杉本有里（SBSプロモーション）
Writer／藤原志織、松本圭右（くまふメディア制作事務所）
Designer／内田晃人（エイティ・プロ）

Photo／久保暁生、深田宙杜

Júbilo IWATA

CONTENTS

監督インタビュー

横内昭展

「アイデアの中に、泥臭さを。」

J1復帰、そして強固な基盤作りという目標を掲げてスタートした2023年。シーズン序盤は思うように勝点を伸ばすことはできていないが、横内監督は「少しずつ、着実にチームは成長を遂げている」と語る。今季、ジュビロはどのような狙いで強化を進めているのか。プレー強度・攻撃・守備、3つの観点からチームの現状に迫る。

※取材日：5月5日

Point 01 プレー強度

――まずはキャンプから重点的に取り組んできた、プレー強度や攻守の切り替えの評価を

間違いなく開幕時よりはできている部分が増えてきていると思っています。90分プラスアディショナルタイムを通して、高い強度でプレーし続ける段階までは到達できていませんが、少しずつやれる時間も長くなってきました。強度というのは球際の強さだけではありません。チャンスの時に走り出すスピードやボールを奪われた後に戻る走力も強度に含まれます。そういうところは選手も本当に意識してトレーニングから取り組んでいますし、その部分が少しずつですけれども、ゲームの中で発揮できているという手応えはあります。

――開幕後も継続的に強度の向上に取り組まれていますね

その部分だけにフォーカスした練習を組んでいるわけではありませんが、1対1の場面になるような、相手がいる状況の練習は多いですね。ゲーム形式のメニューも多いです。強度を上げるために選手たちに言い続けているのは、「予測を持ってプレーして欲しい」ということ。予測があれば相手との距離をうまく詰めていくことができます。そしてその先で、奪い切るところまでこだわって欲しいと要求しています。あとはトレーニングの中で緩んでしまう瞬間を見逃さないように、僕だけではなく、コーチングスタッフ全員で「もっと強く取りに行こう」とか、「切り替え速く」と意識づけてきました。そこは全てのトレーニングに共通して言えることですね。

――1対1で競り勝つ場面も増えてきたのではないでしょうか?

現代サッカーでは試合の様々な要素がデータ化されます。競り合いの部分では最初の数試合こそ負けることもあったのですが、それ以降は自分たちが上回るというデータが出てくるようになりました。はっきりと可視化されているので、選手たちにもフィードバックするようにしています。

――強度の向上をはっきりと感じられた試合はありましたか?

強度はすぐに上げられるものではなく、日々の積み重ねで向上していくものだと思っています。いま取り組んでいることの成果がはっきりと出てくるのは半年後かもしれませんし、一年後かもしれません。時間がかかるものだとは思いますが、開幕時よりも成長していることを少しずつ感じてもらえたら嬉しいです。その中で、アウェイで行われたルヴァンカップの横浜FM戦は印象に残っています。昨年J1リーグを制した強度の高い相手ですが、そこを上回らなければ我々が最終的に目標とするところに到達することはできません。選手たちはそれを理解して力を振り絞って戦ってくれましたし、内容的には良い試合ができたと思います。ただ、マリノスは年間を通して高い強度で戦うことができています。一試合だけではなく、継続的に高い強度でプレーできないところは課題ですし、積み上げていかなければいけません。我々が上を目指すためには避けては通れない道だと思っていますので、今後も改善に向けて取り組んでいきたいと思います。

Point 02 守備

――開幕戦は3失点で黒星スタートでした

開幕に向けて準備をしてきたものの、時間が限られている中で思うようにいかない部分もありました。守備のところで安定しきれなかった、キャンプで詰めきれなかったところが最初に出てしまったという印象です。

――どこに課題があると感じましたか?

プレスの部分ですね。前線の選手がプレスに行っても後ろがついて行っていなくて、空いた中盤のスペースを使われてしまうことがありました。そこからは、プレッシャーをかけるのが難しい距離間であれば、しっかりブロックを作ることを徹底してきました。全てを解決できたわけではありませんが、選手たちは短い期間でよく整理してくれていると思います。

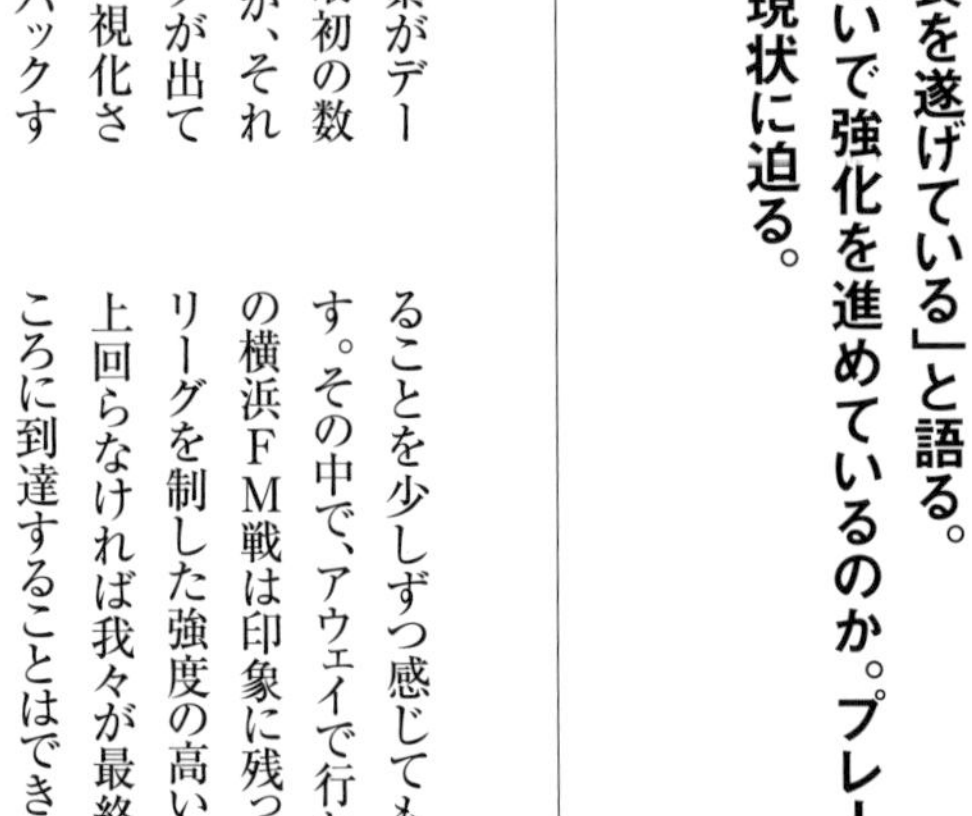

横浜FM戦では昨季のJ1王者に引けを取らない競り合いの強さを見せた

――初勝利を掴んだ3節の山形戦は前半に1度のチャンスも与えることなく、取り組んできた成果が現れた試合だったのではないでしょ

うか？

そうですね。一方で、5節の清水戦はブロックを作ることはできていたものの、引き過ぎてしまったという反省があります。先制点を取ることはできましたが、その後は相手にボールを握られる時間が長くなり、徐々にラインが下がり、なかなか前から奪いに行けなくなってしまいました。引くだけではダメで、どの高さにブロックを作れば良いかという新たなテーマが生まれたゲームだと思っています。

――ブロックの位置が整理されてからは、流れの中での失点は少なくなりました

崩される場面もだいぶ減ってきました。ブロックの中に入ってくるボール、入ってくる人に対して、誰が行くのか、どこで潰すのかというところが少しずつ整理されてきています。また、20メートル前後くらいのコンパクトなブロックを保つこともできるようになってきました。あとは相手の試合中のシステム変更にうまく対応できるようになってきたというところでも、守備の成長を感じています。ただ、自分たちのミスからショートカウンターで失点をしてしまうこともあるので、そこはもちろん修正していかなければいけません。

――徐々にブロックの位置を高く設定できるようにもなってきましたか？

13節の東京V戦の前半は高い位置からプレスをかけたのですが、相手が非常にやりづらそうにしていると感じました。選手もそれを感じ取ってプレスを続けて、相手にロングボールを蹴らせてセカンドボールを回収することで、連続して攻撃することができました。ただ後半は相手にペースを握られてしまいました。繰り返しになりますが、90分プラスアディショナルまでしっかりやり続けられるか。まだまだ隙を与えてしまうところがあるので、そこを少

しずつ減らしていきたいです。あとは個人レベルの対応力も、もっと上げなければいけませんし、それができる選手たちだと思っています。

――一方で、セットプレーの失点が多いことは大きな課題となっています

コーナーキックやフリーキックだけでなく、ゴールキックやスローインを含めると総失点の6割くらいがセットプレーからの失点であり、この課題から目を背けることはできません。選手からも意見を聞きながら、練習だけでなくミーティングでも本当に時間をかけて取り組んでいますが、まだ改善点は多いです。それでも我々はやるべきことをやり続けるしかありません。東京V戦では前半に2度の決定的なシーンを作られましたが、無失点に抑えることができたと僕はポジティブに受け止めています。最初の決定機は、(鈴木)海音がしっかり身体を当てていたことが相手のシュートミスを誘いました。2本目のピンチも(三浦)龍輝がギリギリ触ったことでコースが変わり、クロスバーに救われました。防ぐ努力を選手はしてくれていますし、無失点に抑えられたという小さな自信を積み重ねていくことが失点を減らす近道だと思っています。

ブロックを整理して臨んだ山形戦は守備が安定。2対1でシーズン初勝利を挙げた

Point 03 攻撃

――まずは攻撃面全体のここまでの評価を

我々には絶対的なストライカーがいるわけではありませんが、僕は色々な選手が点を取れればいいと思っています。そのためには多くの選手がボールに関わっていかなければいけません。最初の数試合はボールに関わる人数が少なく、多くの人数が関われたシーンも単発的でした。それでも試合を重ねるごとにボックスの中に入って行く人数や縦パスが入った後のサポートの人数、長い距離を走ってカウンターに出ていく強度などが随分良くなってきたという感覚はあります。

――鈴木雄選手と松原選手を中心としたサイド攻撃から多くの得点が生まれています

そうですね。両サイドバックの選手は走力もありますし、攻守に連続して動き続ける能力を持っています。このくらいのパフォーマンスは当たり前のようにやってくれるかなと期待していました。最初の数試合は攻撃参加の回数が少なかったと思いますが、試合ごとに周りとの連係が良くなり、前に出ていくタイミングもチームとして掴めてきました。我々にとって非常に大きな武器になっていると思います。

――昨年まではウイングバックでプレーしていた鈴木雄選手をサイドバックで起用している意図は?

ひとつは守備能力の高さですね。昨年までは5人で守っていた横幅を今年は4人で守らなければいけません。そういったところから、守備も攻撃も高いレベルでこなせる雄斗に今年はサイドバックでプレーしてもらっています。ただ、一列前で起用することも考えていますし、彼の能力ならセンターバックもできるのではないかなと。「この選手はこのポジション」と決めつけるのは好きではありません。彼は本当にポテンシャルが高いので、ひとつのポジションに収まる選手ではないと思っています。

――ビルドアップもスムーズになってきました

そうですね。最初の頃は相手のプレッシャーを受けてボールをロストして、危険なシーンを作られることが続き、リスクを負いたくないという思いからかロングボールを蹴ってしまうことが多かったです。それでも選手たちは勇気を持ってトライしてくれましたし、ミスをして危ないシーンを作られても、さらにもう一回トライする姿勢を持ち続けてくれました。そこが我々の強みとなりつつありますし、相手も嫌がっていると感じています。最初は前からプレスに来た相手が、奪えないと判断して引いた試合もありました。逆にプレスに来た相手の背後のスペースやバイタルエリアのスペースを我々が上手く見つけて、そこからアタッキングゾーンまで侵入して行くシーンも多く作れるようになってきました。そこは選手が勇気を持ってやり続けてくれた証しだと思っています。

――ビルドアップに関しては、鈴木海選手や中

――中川選手ら若手の貢献も大きかったのではないでしょうか?

（中川）創は元々ビルドアップを得意としている選手です。ボールを失えばすぐに失点に直結するポジションですが、そういうプレーを怖がらずにできるところが彼のストロングだと思います。海音はまだまだ発展途上というか、もっと伸びていく選手です。彼がゲームに出場するようになった頃と比べると、フィードだけでなく、自分で運んで数的優位を作ったり、仲間にスペースを与えるといったプレーは本当に良くなってきています。この2人は本当によく貢献してくれていると思っています。

――選手たちが自由にポジションを変えながら流動的に攻撃していることも今シーズンの特徴でしょうか?

僕は攻撃面で「必ずこういう動きをしなさい」と言うことはほとんどありません。例えば、「サイドハーフはライン際まで開いて横幅を取りなさい」などと指示することはありません。試合の状況に応じて、最適なポジションは変わってくると僕は思っています。ボールを前進させることができれば、中に行こうが、少し下がろうが、前に行こうが、そこは選手が自由に判断して良いと伝えています。しっかりボールを動かして、そこから相手の一番危険なところに縦パスを入れていくことがひとつの理想形ですね。ただ完全に自由を与えているわけではなく、約束事はあります。それはスタートポジションを守ること、そしてボールを奪われた後に素早く切り替えて奪いに行くことです。

攻撃から守備の切り替えを速くすることができれば守れると思いますし、そこは選手たちに強く要求しています。だから「ボールを動かすこと」と「攻から守の切り替え」はセットで考えています。そこさえできれば、流れの中でポジションが変わることは全く問題ありません。3節の山形戦からは両サイドハーフがインサイド寄りのポジションを取り、サイドバックが幅を取るようになりました。それは僕の指示というよりも選手主体の話し合いの中で見つけ出した戦い方ですが、僕はそれで良いと思っています。

――就任時に「一方通行にならないようにチーム作りをしたい」という話がありましたが、それが現れた好例ではないでしょうか?

選手はたくさんのアイデアを持っているので、それがチームにとってプラスになるのであれば取り入れたいなと。もちろんコーチングスタッフもアイデアをくれます。色々な人の力を借りながらチームを作っていきたいですし、そのためにも話を聞くことは大切にしています。もちろん最終的な決断は僕がしますが、僕の考えを押し付けることは今後もしたくないですね。

17歳ながらここまで4ゴールを決めている後藤。プレスや裏抜けなど得点以外の貢献度も高い

――ここまで印象的なゴールはありますか?

ひとつには絞れないのですが、8節の水戸戦は相手との競り合いに勝ち、こぼれ球を拾い、そこから縦パスが入って3人目が絡むといったようなシーンが数多くありました。アイデアだけではなく泥臭さもあり、自分たちのやりたいことが数多く出た試合だったと思います。敵陣でボールを奪って、手数をかけずにゴールに迫るシーンは今後も増やしていきたいですね。

――一方で、ボールを支配しながらも崩し切れない試合もありました

自分たちがボールを握っている時は相手が引いている時でもあり、その相手を崩すことは本当に難しい作業です。そのためには精度を上げていかなければいけません。ほんの10センチ、20センチ、パスやコントロールがズレただけでシュートまで持っていくことは難しくなります。そこのクオリティは絶対に上げる必要がありますが、強度と同じですぐに向上するところではありません。それでも続けてトライしていくことが重要だと思っています。あとは得点力を上げていくために、ボールを持っていない選手の動きの質も重要です。攻撃が停滞している試合はアクションが少なく、相手が待ち構えているところに攻めてしまうことがありました。アクションを増やしていくことは課題だと思っています。また、引いた相手に対しては個で剥がしていくようなプレーも必要です。そこのストロングを持っている選手を上手く使いながら、得点数を増やしていきたいですね。

――それでは最後にサポーターズマガジン読者の皆様へメッセージを

いつも熱い応援をありがとうございます。試合の最初から最後まで、声を出し続けてサポートしてくださっている皆様には本当に感謝しています。ホームはもちろん、山口のような遠方のアウェイにもたくさんのサポーターが来てくださいました。関東の試合でもホームのような雰囲気を作り出してくれたことには驚くとともに、勝たなければいけないという想いが強くなりました。いつも背中を押してくれる皆様のためにも、もっと上を目指して頑張っていかなければいけないと思っています。

この成績に満足している選手、スタッフは一人もいません。もっと高い順位で序盤戦を終えたかったという思いはありますが、少しずつですけれども、成長しているという手応えを感じています。今後はそれを勝利、勝点3に結びつけられるように、チームがひとつになって一体感を持って戦っていきたいと思います。これからも僕たちと共に戦ってください。

栃木戦で加入後初ゴールをマークした松原。両サイドからの攻撃で多くのゴールが生まれている

インプットとアウトプット

リカルド グラッサのディフェンダーとしての最大の魅力は、1対1の絶対的な強さだ。どんな特徴を持つ相手と対峙しても、慌てることなく構え、幼い頃から培ってきた経験を駆使してボールを奪い切る。そうしたプレーを可能にしているのが、正確な読み。「相手を見ること」はもちろん、日本に来てからはJリーグのサッカーにいち早くフィットするため、「相手を知ること」もこれまで以上に大事にしてきたと言う。

僕は子どもの頃から相手をマークして、1対1のマッチアップに挑むのが好きでしたし、得意でした。そこから様々なカテゴリーで試合経験を重ねて、時間とともにレベルアップしてきたという感じです。

相手のプレーを読むためには、もちろんボールを見ることが鉄則ですが、相手の身体もよく観察します。次はどこにどう動くかなと。その中で、相手を外へ追い込むことをベースに、例えば相手は右に行こうとしているけど、自分は左に行ってもらいたいと思ったら先に右を切ったり、ディフェンスの基本ですが、自分の利き足であったりタックルしやすい足元に誘い込むことなどを意識してプレーしています。とにかく、瞬時に対応し、ボールを奪いやすい位置に相手を誘導することが何より重要です。

それでも、試合中はめまぐるしく状況が変わるので、そこまでじっくり考えたり見たりする時間はありません。経験から導かれる感覚やフィーリングも、ディフェンダーとしての大きな支えです。

ジュビロに来てからは、試合前に映像を見て相手を分析することが多くなりました。特に来日当初はJリーグでプレーしている選手のことを、自分自身よく知らなくて。どういうプレーをするかも十分に分かっていませんでした。名前を知っていたとしても、呼び方が似ていたりしてなかなか区別できなかったんです。チームのミーティング内容を確実に理解する必要がありますし、試合で瞬時に対応しなければいけないので、背番号を頭に入れて事前にプレーの映像を見るようになりました。「この選手のことか」、「この選手のこういうプレーには気をつけなくては」と認識する作業は、自分にとってとても大切なことです。

余談ですが、日本人選手の名前って似た名前が多いですよね。ブラジルはミドルネームがあるので、呼び分けることができるけれど、日本は苗字と名前の二つだけ。鈴木さんや山本さんがたく

リカルド グラッサ

DF 36 *Ricardo Queiroz de Alencastro Graça*

「守備も、攻撃も、アグレッシブに」

昨年、ジュビロに完全移籍加入したリカルド グラッサ。東京五輪に臨むブラジル代表に選出され、金メダルを獲得した実績を持つディフェンダーは、チーム合流後すぐに高い守備能力を発揮。Jリーグ2年目を迎えた今シーズンも、チーム内の激しいポジション争いの中で仲間と充実した日々を過ごしている。今回のサポマガでは、これまでの経験を糧にさらなる飛躍を誓う26歳の、等身大の想いをお届けする。

さんいたり、コタロウ、コウタロウ、ケンタロウの違いは何なんだ！と（笑）。今は慣れたけど、最初はすごく難しかったです。

パワーの源

リカルドは、ブラジルリーグの名門、ヴァスコ・ダ・ガマの育成組織出身。２０１７年にトップチームへ昇格すると、5シーズンに渡って活躍。２０２１年には東京五輪のブラジル代表メンバーとして来日し、チームは金メダルを獲得した。昨シーズン、ジュビロへの加入が決まると、チーム合流後すぐにメンバー入り。６節からリーグ戦22試合に出場した。日本のサッカーにいち早く順応したリカルドだが、その理由は充実した日常生活にもあった。

日本での生活には来日してすぐに慣れました。日本語は…ものすごく上達した、とは言えないですが（笑）、少しは聞き分けられるようになってきましたし、単語力も上がってきたと思います。でも本当に難しい言語ですよね。今は翻訳アプリなど便利なものもあるので、めちゃくちゃ活用しています。妻も磐田での生活をとても気に入っていて、一人で買い物に出かけたり行動範囲を広げて楽しんでいます。

食事は家で食べることが多くて、妻が作るブラジル料理がメインです。でも、2週間に1回は行くほど、大好きなカレーチェーン店があります。いつもオーダーはポークカレーのチキンカツチーズ。米は４００グラムで辛さは1辛。辛すぎるのはちょっと苦手なので、ノーマルが好みです。もうどこのお店か分かりますよね？（笑）。

あとよく食べているのは、自分で作る卵料理です。目玉焼きとかスクランブルエッグとか、卵をめちゃくちゃ食べるんです。朝食はもちろん、おやつも卵（笑）。そんな食生活です。

9月で3歳になる娘は、スタジアムにサッカーを見に行くのが好きみたいで。いつも試合に来てくれてキックオフ前になると、「パパと一緒に行きたい」と言い出すんです。だから今年は特に一緒に入場するようにしています。開幕戦のときはちょっと怖がって泣いていたのですが、だんだん慣れて今ではすごく楽しそうにしています。ジュビロくんのぬいぐるみが家にもあるのですが、本物のジュビロくんを見て「バイバイ」と手を振るのもお気に入りみたいです。

僕がサッカーをやっていることは分かっているのか、家に帰ると「今日もサッカーしてきたの？」と聞いてきます。家族は自分にとって、何よりも大切な存在ですね。

すべての要素が好き

ディフェンダーとして数々のピンチを防ぎ、チームを救ってきたリカルドだが、ゴールを守ることだけに魅力を感じ、達成感を味わっているわけではない。味方のシュートがゴールネットを揺らしたときは、誰よりも喜びを爆発させる。スペースがあれば、迷わず前線へと走り攻撃に参加する。そうした攻守でのアグレッシブなプレーは、ピッチで共に戦う選手たちに勇気と勢いを与えている。

ディフェンダーとしての最大の喜びは、クリーンシートで試合を終えることです。でも、やっぱり僕はゴールが入った瞬間が一番嬉しい。後ろで守っていたとしても、チームメイトが決めるその瞬間が、何より幸せを感じる時間なんです。

それは幼少期の経験も大きいと思っています。フットサルやサッカーを始めた頃は、本当に時間さえあればボールを蹴っているという感じでした。ディフェンスするのが特別好きというわけでもなくて、守備も攻撃も関係なく「サッカーの要素は全部好き！」というような少年でした。

もちろん、相手の攻撃を止める瞬間や、タイトなマークをして相手に自由を与えないディフェンスもすごく好きです。でも同じように、パスをしたりゴールに向かって走ったり、得点を決めたりすることも大好きなんです。それがチームのためになるなら、何でもしたいという思いをいつも持ってプレーしています。

美しいシーン

攻守関係なく、「サッカーの要素は全部好き」と笑顔で語るリカルド。ピッチでは、すべての局面、瞬間を楽しみながら全力を注いでいる。ジュビロサポーターの記憶にも深く残っているであろうビッグプレーの数々。自身にとっても、特に印象深いシーンがあるという。

昨年のホーム神戸戦は、自分の中でもインパクトの強い試合でした。特に鮮明に覚えているのが、序盤に武藤選手のシュートを防いだ場面です。あのときは、自分の前のスペースを相手に走られ、スルーパスを通されてしまいました。瞬時に武藤選手には追いつかないなと、GKの（三浦）龍輝が前に出るなと思ったので、自分はその後に備えてゴールを守るしかない、カバーするしかないと。何とか相手のシュートのタイミングに間に合って、スライディングして左足でボールをかき出すことができました。ピンチを招いたこと自体はチームとしての反省点ですが、あのクリアしたシーンは、美しいプレーだったと感じています。自分でも好きなプレーですし、ゴールを決めることと同じくらい価値があるものになったかなと自負しています。

今シーズン印象深いのは、守備ではなく攻撃参加した場面です。ホームの山形戦では、オーバーラップを仕掛けてゴールに関わることができました。後ろから（松原）后に繋ぎ、もう一度パスをもらって今度は（松本）昌也にボールを預けました。その後もう一度もらおうと思ったのですが、パスは出てこなくて。昌也がそのまま素晴らしいシュートを決めてくれました。

DF 36
リカルド グラッサ
Ricardo Queiroz de Alencastro Graça

今見ると、流れるような攻撃が上手くいったなという感じなのですが、実際プレーしているときは「来ないかな、来るかな」という感じで、その瞬間の状況に合わせて対応しながら、という感覚でした。だからこそ味方を信じて積極的に前に行くことができたのかなと思っています。

もしあのとき昌也がシュートを外して、相手のカウンターを受けるようなことになっていたら、もう守備には戻れなかったと思います（笑）。倒れてその場にうずくまってしまったかもしれません。決めてくれた昌也には本当に感謝ですね。

その後のホーム栃木戦の後半アディショナルタイムにも同じようなシーンがありました。ドゥドゥとワンツーをして前線まで持ち上がり、最後は中央にいた（金子）翔太にパスを出したのですが、あのときは自分の中に明確なイメージがあって、そのイメージ通り攻撃を展開することができた良いシーンだったと思います。

責任と使命

今、リカルドの心の中にあるのは、「ジュビロをＪ２に降格させてしまった」ことへの責任と、今シーズンに懸ける熱い想いだ。Ｊ１仕様のサッカースタイルの構築を目指しながら一戦一戦成長を続けるチームの中で、自身もまた「もっとやらなくてはいけない」という使命感に駆られている。

チームの雰囲気は、昨年も今年も相変わらずとても良くて、選手たちの団結力は本当に素晴らしいですし、そういうところがジュビロの魅力だなと感じています。もちろん試合の結果で一喜一憂することもありますが、根本に流れているのは結束の強さです。

今シーズンも、各ポジションで激しい競争が起こっています。誰一人として練習から手を抜くことは無いですし、とても良いポジション争いができています。そうした雰囲気があると、個人としても、チームとしても、大きく成長することができると思いますし、強さも育まれていくはずです。自分自身も競争をポジティブに捉えて、日々練習に臨んでいます。良い意味で監督を悩ませたいですよね。

個人的な変化としては、昨シーズンまで任されていた3バックの左というポジションではなく、今年から4バックのセンターでプレーする機会が多くなったということです。ジュビロに来るまでも、どちらかと言うと4バックの布陣でプレーしてきた時間が長いので、もちろん馴染み深いですし、難しいことをあれこれ考えずに取り組めるポジションです。ただ、ディフェンダーとしてやるべき基本的なことは、システムや戦術が変わっても同じです。毎試合、チームの勝利のために自分のベストを尽くすだけだと思っています。

ジュビロサポーターの皆さん、昨シーズンチームが降格してしまったことに自分自身とても責任を感じています。今シーズンに関しても、全く満足していません。もっと勝利を届けなくてはいけないと思っていますし、自分ももっと良いパフォーマンスを出していかなくてはいけません。素晴らしい声援を送ってくださる皆さんの想いに応えられるよう、全力を注いでJ1復帰を目指します。これからもいつもと変わらない力強い応援で、僕たちにパワーを送ってください。

Volante.

ボランチ論

それぞれの思考と感性と。

Chapter 1

50 MF
Yasuhito ENDO

遠藤保仁

Chapter 2

34 MF
Takeaki HARIGAYA

針谷岳晃

舵取り役、という言葉の通り、ピッチに立つ11人の中でも
特に多くの役割を担うボランチ。攻撃で、守備で、時に鮮やかに、
時に見えないところで、ゲームをつくり、勝利への筋道を描く。
今回は、ベテランの遠藤保仁と成長著しい針谷岳晃にそれぞれインタビュー。
二人のボランチの、思考と感性を覗いていく。

Chapter 1

遠藤保仁

MF 50

Yasuhito ENDO

「最短で最善の選択」

「まだまだ磨きたい」

――そもそもボランチとはどういうポジションだと考えていますか?

11人の中の一人にすぎないですが、ど真ん中のポジションなので、攻守両面でチームが上手く回るような仕事を求められる場所かなと思っています。

――そのために、遠藤選手が一番大事にしていることを教えてください

どちらかと言うと自分は攻撃が得意なタイプのボランチなので、ゲームの進め方を考えたり、DFからFWにかけての繋ぎ役を担っていたり、チームがリズムを失っているときに取り戻すような、そういうプレーは自分の中で心掛けていることの一部ですね。

――例えば、悪くなってしまったリズムはどうすれば取り戻せるのでしょうか?

やっぱりリズムを取り戻すというのは簡単なことではないですが、極力自分でボールを触って、何でもないパスを出したり、時には局面を変える1本のパスを狙ったり、そういうことを繰り返しながらということが大事だと思います。90分を通してずっとリズムが良いというのはサッカーでは多分不可能なことです。90分の中で、できる限り自分たちが良いリズムを作れるように、流れが悪いときでも積極的にボールを触りに行くというのが必要かなと思います。

――一言でボランチと言っても様々なタイプの選手がいると思います

そうですね。そもそも、サッカーは攻めと守りしかありません。だからボランチも攻撃が

得意な選手と守備が得意な選手、大きく二つに分かれるのかなと。より得点を目指しているボランチもいれば、チームのリズムを最重要視してプレーする選手もいます。逆に守備的にボールを取りに行けるボランチもいれば、バランスを見てという人もいる。そういうふうに枝分かれしていけばたくさんのタイプの選手がいますが、簡単に言えば攻撃と守備の2種類しかいないと僕は思っています。

――そうした中で、攻撃だけではなく、味方選手とのバランスを取ったり、守備の危険なエリアをいち早く消すといった仕事も遠藤選手らしさなのでは？

やはり極力頭を使いながら、プレーしています。もちろん身体を動かさないといけないですが、無駄な走りをしたり無駄なパワーは使いたくないので、そうなると頭で考えることが大事ですよね。バランスを取ったり、いるべきところにいなきゃいけないというときは、しっかりとそういうポジションを取れるようにしていけたらいいかなと。

――遠藤選手が考える正しいポジショニングとは？

そこに関しては、結果論でしかなかなか話せないところはあって。そこにいれば失点を防げたとか、そこにいれば得点を取れたかもしれない、というのはよくあることです。実際そこにいたから失点を防げたというのは、後から分かることなので。ただ、可能な限り攻撃のときは味方が助かるようなポジションを取りたいなと思いますし、守備では相手が使いたいスペースを埋めたいなと。それは、外から見ていてもピッチの中でプレーしていても、かなり分かりづらいところだとは思いますが、そういう作業を繰り返すことが大切です。たとえ直接ゴールには関与しなくても、ピッチ内の状況をしっかり把握した上でポジションを取っていきたいなとは常々考えています。

――「ここにいれば」といった立ち位置は、やはり経験と感覚から分かるものなのでしょうか？

経験ももちろんありますし、そこに危機察知能力だったりが加わって、一言で言えばそれがサッカーセンスという感じになるのかなと思うのですが、そこはまだまだ自分も磨ける部分なので、意識してやっていきたいなと。そう思っています。

「こんなに走ってる43歳はいない」

――今シーズンは特にボランチのポジションの競争が熾烈です

そうですね。同じポジションにたくさん良い選手がいるので、競争があるのは普通のことですし、起用するかしないかは監督次第です。ただ、自分の持ち味を出さないまま競争に敗れることだけはやってはいけないと思っています。一人ひとり特徴も違いますし、自分がやるべきことをしっかりやることが大前提です。それに、今試合に出ているから安心、なんていうのは全くなくて。ここからもっと出場時間を伸ばしていくためには、仲間でありライバルたちにプレッシャーをかけ続けて、いつでも出られるように努力しながら競争していきたいなと思っています。

――そういう部分も踏まえて、今年のプレシーズン期間はどうでしたか？

怪我なく、途中離脱することもなくキャンプから過ごせたので、まずはそこは良かったなと。開幕戦はベンチスタートでしたが、それでも別に焦ったり、スタメンじゃないのか、というような感情はそんなになかったですし、チャンスが来ればしっかりやろうというのは思っていたので、いつも通り楽しくサッカーができていました。

――その一方で、燃える思いもあったのでは？

試合に出られなければ、もちろん悔しい気持ちもありますし、もっとやらなきゃいけないという思いは持っています。ただ、自分がプレーしていないときは仲間を応援する気持ちでいつもいますし、開幕戦でベンチに座っていたときは、自分が出たらこういうプレーをしたいなということを思いながら見ていました。もちろん、スタメンで出たいという思いは常に持っています。それはプロとして当然のことで、その気持ちは絶やさずに持ち続けたいなと思います。

――開幕戦は後半から出場し、チームの流れを変えました。以降、リーグ戦でコンスタントに

Chapter 1

50 MF

Yasuhito ENDO

遠藤保仁

「最短で最善の選択」

タメン出場を続けています。

ここまで戦って、もっと勝点を積み重ねることができたと思いますが、終わったことを言っても仕方がないなと。みんなが持っているものを出せば、これからどんどん勝点は積み上がっていくはずです。個人的にも、コンディションは高いレベルで安定していると感じています。試合にもたくさん使ってもらっているので、期待にも応えたい。この先も怪我なくプレーできれば、今シーズンも楽しめるかなと思っています。

――今年、プロ26年目だと思います。26年間第一線で戦っていることをご自身ではどう感じていますか？

いやぁ、すごいと思いますよ自分でも。こんなに走ってる43歳はなかなかいないと思うので、よくやってるなと。年齢を隠そうという気も全くないし、「なんか節々が痛い」とか、よく巷のオヤジが言ってるような言葉も十分に分かるなという年なので。でも若い選手と一緒にボールを蹴ったり、ボールを追いかけたりというのはすごく楽しいのでね。身体が動く限りはやりたいなと思っています。プロとして毎年必要だと言われるように、26年目もチームはもちろん個人的にも良い結果を出していきたいなと。

――過密日程の中でも試合に出続けてきましたが、疲労とはどう向き合っていますか？

もちろん毎日疲れますよ。やっぱり20代のときと今と比べると、回復も間違いなく遅くなっているはずです。でもあんまり気にはしてないですし、何と言うか毎日楽しめれば、たいして疲れも残らないような気もするんですよね。練習でもスタッフの方々がコンディションに気を使ってくれているので、その中でやるべきことをしっかりやりながらと思っています。疲れたら「疲れた」って言いますし、40代が疲れてないって言うと100パーセント嘘になるので、これからも自分の気持ちを正直に伝えながらやっていきます。

「感覚だったりセンスって言って逃げてます」

――ここからは、チームメイトに聞いた〝改めてすごい遠藤選手のプレー〟について伺いたいと思います。まずは、「一瞬でプレーの判断を変えて効果的なパスが出せる」ということについて

それは自分の特徴のひとつだと思っていて誰もが持っているものでは無いと感じています。一番かどうかは分からないですが、自分の武器のひとつではあって。それは一緒にプレーしている選手にしかなかなか分からないところだと思うので、そこをみんなが理解してくれているというのは非常に嬉しいですね。

――チームメイト談ですが、判断を瞬時に変えるコツを聞いても、「感覚やで」しか言われないと。やはりそこは言葉で説明するのが難しい部分なのでしょうか？

そうですね。もちろんボールを扱う技術というのは絶対条件ですし、足のどこの面に当てても正確にボールが蹴れるという技術も必要です。判断を瞬時に変えるというのは全員がすぐにできることではないと思っていますし、やっぱり説明しきれないので、感覚だったりセンスって言って逃げてますけどね(笑)。

もちろんトライしていけばできるようになると思うのですが、トライする前に「ミスしたらどうしよう」という気持ちがある時点で、多分成功しないんです。「1000本ミスしても、1本成功すればいいよ」と言われたら誰でもできると思いますが、これが「3本中1本成功させて」となってくるとなかなかできない。そもそも3本中1本だと、33パーセントしか成功率がないので、パスのひとつとしてはかなり低い確率ですよね。そうなると多分みんなやらなくなってくる。そういう理由もあるかもしれないですね。

――「遠藤選手は次のプレーがしやすいパスをくれる」という声も多かったです。例えば、6節の栃木戦で松原選手のゴールに繋がったシーン

ですが、どのようなことを考えてあの横パスを選択したのでしょうか？

あの場面は特に考えてなかったです。（松原）后がフリーだったというのと、左利きなのでできれば左足にパスしたいな、というくらいの感覚でした。普通にパスを出した、という感じです。あれは僕のパスがというよりも、后が積極的にシュートを打った結果なので、后のプレーが良かったなと。

――松原選手は「ヤットさんが左足で扱いやすい、すごく良いボールをくれた」と試合後振り返っていました。パスを出す前、金子選手から受けたボールを右足でトラップして相手をかわしましたが、あのときの選択はどういう感覚だったのですか？

ボールをもらう前は別の選択をしようとしていました。ただ、（金子）翔太から自分のイメージとは少し違うパスが来たので、とっさに判断を変えたという感じです。僕の頭の中のファーストチョイスではなかったですけど、結果的にゴールに繋がって良かったなと思います。

――ファーストチョイスはどのようなイメージを？

もう少しゆっくりしたボールを自分の右の前に落としてくれれば、次のプレーをイメージしていました。ただ、思った以上に強いボールが来たのであの場面は判断を変えました。

――松原選手がフリーで逆サイドにいるというのは、どのタイミングで視野に入っていたのでしょうか？

トラップした後ですかね。その前は違う選手を見ていたので。トラップして自分がパスするまでの間に、何個か選択肢はあったのですが、自分も左足でのパスだったので、一番確率が高いものを取ったという感じです。

Volante.
ボランチ論
それぞれの思考と感性と。

――ルーキーの後藤選手は、練習でのある出来事が印象に残っていると話していました。「例えば自分が左のスペースに動き出したら、遠藤選手から全く違うスペースへのボールが来た。あとで考えると、そっちの方がチャンスになるし、そっちに入るべきだったということを気づかせてくれた」と。受け手が気づいていなくても、あえてパスを出すこともあるのですか？

試合中であれば、それはミスになるというか、相手にボールを渡してしまう可能性が高くなるのであんまりやらないのですが、練習中は自分のパスがミスになっても、「そっちの方が良いよ」という気持ちであえて出すときもあります。その後、「こっちの方が良かったかもね」という話もして。常に選択幅を広げておくことが大切ですし、一番良いのは最短でゴールを目指すことなので、そういう動きを良く言えば自分のパスで促すと言うか、そういうこともたまにはしています。周りが見たら、「パスミスだろう」と思うかもしれないけど、後から考えるとそっちの方がベストかなということを、ときには受け手に知らせなきゃいけない場面もあって。特に若い選手には、どんどん伝えながら自分もチャレンジしてやっていきたいなとは思っています。

――結果的にその選手の成長にも繋がっていくということですね

そうなっていけば一番良いですし、チームとして結果を残していくためにも、最短で最善の選択が必要になる場面は多くあるので。個々の能力を上げることはもちろんですが、やっぱりチームの結果に繋げるためにやっていきたいなと思います。

――「相手が予測できないタイミングでパスを出す」という意見も多く、「なぜそれができるのか？」と

それがサッカーだよ、と言っておいてください（笑）。言葉は悪いですが、サッカーって騙し合いのスポーツとも言えます。相手が分かりやすいプレーをしていたら、勝つ確率は低くなるし、相手が予想していないことをやるから得点が生まれるわけで。その数がチームとして多ければ多いほど、相手を倒すチャンスは広がると。まぁ、サッカーってそんなもんですよね。これからも楽しみながらプレーしていきたいなと思います。

Chapter 2

針谷岳晃

MF

34

Takeaki HARIGAYA

「パスは自分そのもの」

「バランス系」

――針谷選手が考えるボランチのタイプとは？

戦術やチームによって違いますし、ポジション的に後ろにも前にも行けるので一概には言えないですけど、タイプは大きく3つくらいですかね。守備型、バランサー、積極的に前に絡んでいく攻撃型ボランチがいると思っていて、その上で選手によるプレースタイルの違いがあると思います。ボランチの組み合わせは、守備型と攻撃型が絡むとバランスが良くなるのが基本ですが、個人的には攻撃型プラス攻撃型でも面白いと思います。

ジュビロのボランチも色々なタイプがいて、遠藤さんはバランス系、（山本）康裕さんは全部やれる、（上原）力也君は前に行くタイプだと思います。でも、カヌ君（鹿沼）は守備的なイメージで見られがちですけど前も行くし、守備的といっても本当に守備だけやっているボランチは少ないんじゃないかと思います。

――針谷選手はどんなタイプのボランチですか？

自分はどちらかと言うとバランス系かなと思います。常に全体を見てポジションをとったり、リスク管理のために前に行かずに残ったりしてます。本当は前に行きたいんですけど、前は（山田）大記君や（金子）翔太君、ドゥドゥ、（松本）昌也君が比較的インサイドにポジションを取ってくれているので、ボランチが前まで出なくても厚みはありますし、対戦相手によっては何枚か前線に残るチームがあるので、チームのリスクを管理できるなら別に自分を出さ

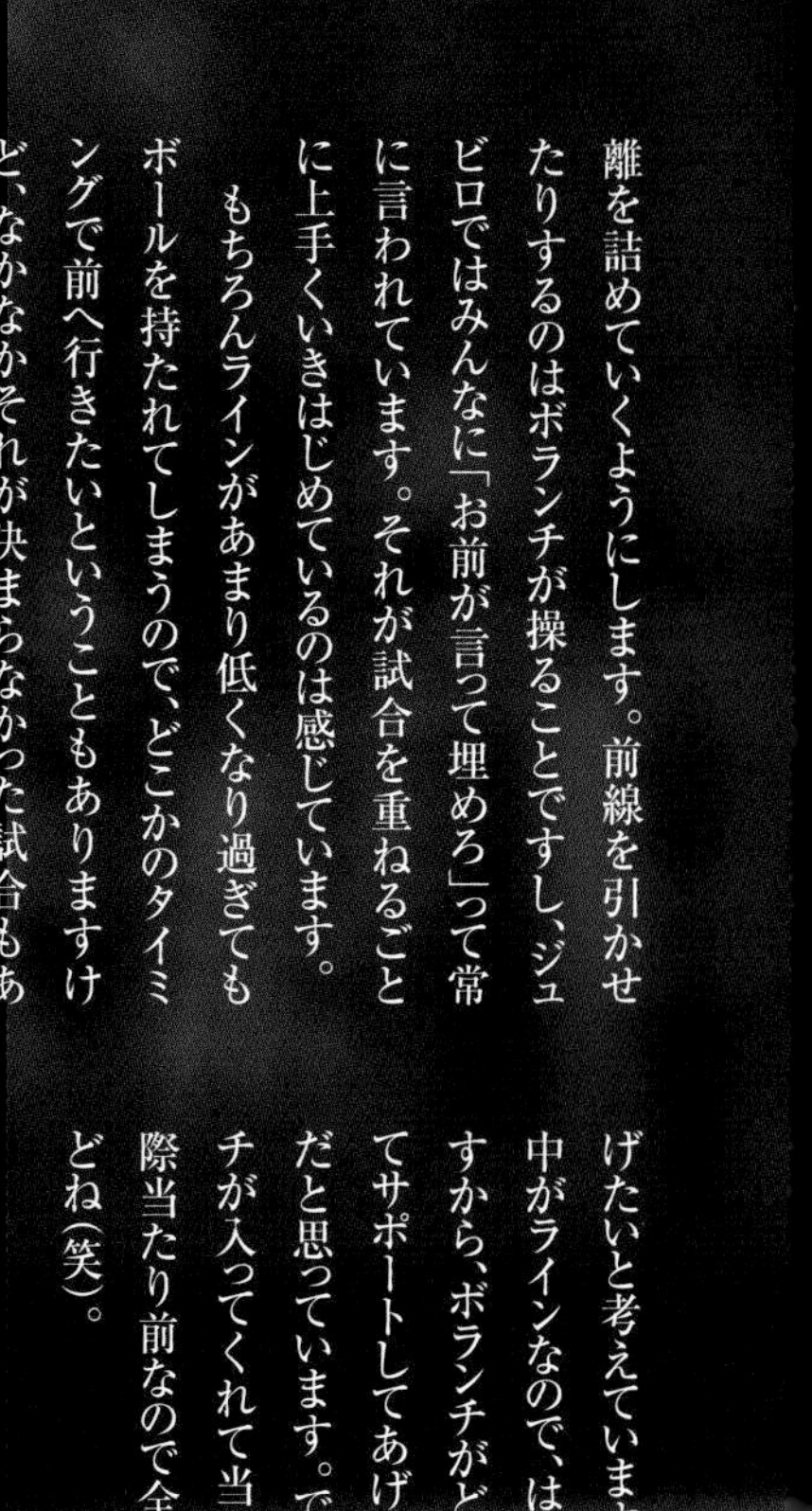

Volante.
ボランチ論 それぞれの思考と感性と。

なくてもいいのかなと思っています。

――バランスを取るというのは具体的には？

前線と後ろの繋ぎ役ですね。そこの距離感だったりは自分の立ち位置でだいぶ変わるものだし、あとは全体をコンパクトにしたり、自分たちでボールを持っているときは、良い距離で味方をサポートに行ったりとかです。チーム全体の距離感や試合の流れもそうですけど、試合を落ち着かせたりとか、カウンターに出るとか、そうした攻守のバランスもボランチが担う仕事だと思っています。そのバランスは難しいですけど、今も試合の度に学ばせてもらっています。

――速攻遅攻の判断はボランチがするのですか？

ボランチは、インターセプトとかもそうですし、一番ボールを奪えるポジションではあるのですが、奪った後のジャッジは難しいです。誰かが走っていたら使いたいですけど、今の守備はシステム的にどうしても相手にボールを持たれるときは持たれますから、奪ったボールは簡単に無くしたくはありません。だから速攻のミスでボールを無くしたくないというのはあって、そこの判断はすごく難しいです。一回落ち着かせてというのは考えないといけないし、本当にチャンスなら出さないといけないし、それでミスったら「また守備かよ…」ってチーム全体がなってしまいますし、そこの判断は本当に難しいです。

――例えば最終ラインと前線の開きが気になるときはどうバランスを取るのですか？

センターバックがラインを上げられないんだったら、前のプレスのラインを低くしてそこで距離を詰めていくようにします。前線を引かせたりするのはボランチが操ることですし、ジュビロではみんなに「お前が言って埋めろ」って常に言われています。それが試合を重ねるごとに上手くいきはじめているのは感じています。

もちろんラインがあまり低くなり過ぎてもボールを持たれてしまうので、どこかのタイミングで前へ行きたいということもありますけど、なかなかそれが決まらなかった試合もありましたね。でも試合を重ねるごとにコントロールできるようになってきていて、守備も強くなってきたので、そこはすごく良かったなと思います。

――ダブルボランチの関係性は？

話をしなくても考えていることが分かることもありますし、組む相手の意思を感じながらプレーする関係性ですね。自分は相手に合わせるタイプなので、片方の動きを見ながら、もし間に合っていなかったら、自分が逆サイドまで行ったりもします。力也君が前に出るときは自分が下がりめのポジションを取ったり、遠藤さんと組むときは、基本真ん中にいるようにしています。遠藤さんには自由に動いてもらって、空いたところには全部自分が入ってという感じです。

「ボランチとしての存在価値」

――以前のインタビューで「味方のパスコースを3通り作る」と話をしていました

もちろんひとつだと読まれますし、2つでも危ない。だからボールホルダーはパスコースを3つ持っていた方がいいし、それを作り出してあげたいと考えています。特にサイドの選手は背中がラインなので、はまってしまうことが多いですから、ボランチがどれだけ横のスペースを使ってサポートしてあげられるか、というのが大切だと思っています。でもサイドの選手はボランチが入ってくれて当たり前と思っているし、実際当たり前なので全然感謝はされないですけどね（笑）。

――改めてボランチに必要なのは頭脳だと感じます

頭は使いますね。けど楽しいですよ、頭を使うのは。全然嫌にならないです。ずっと守備だと嫌になりますけど。その点ディフェンダーは偉いですよ、守備ばかりで。でも彼らは望んでやっているので（笑）、それは仕方ないです。

――自分自身のパスへのこだわりは？

パスは自分の持ち味なので、無くなったらというか、ずれ始めたら僕の存在価値はないですよね、ってくらい大事ですし、こだわりを持っています。例えばパスをつける足とか、前に出て欲しかったら、言葉で言うよりも『ここ』みたいなパスを出すこともあります。合わなかったら言いますけど、やっぱりパスを出す方が周りが見えていますし、受け手がいかに次に繋がるプレーをしやすくするかは考えますね。そういう意味も含め、味方に優しいパスを出せたらいいなと思っています。

――優しくないパスも結構出していますね

出してますね（笑）。ほぼほぼシュート、みたいな感じで。一回本当にシュートぐらいのスピードのパスを出したことがありますけど、小川航基（現横浜FC）が受けられなかったです。さすがに速過ぎました（笑）。まあでも縦パスとかは強気に行くしかないので。速いボールが来たら受け手は自然とターンしますから。変に緩くて優しいボールより速いボールの方が足に止まりますし、メッセージも込めているので意外といいなと思っています。ダイレクトでやりたいときは緩いパスも出しますけど、縦パスは「ターンしてくれ」っていうメッセージでいつも差し込んでいます。

――キックの種類も変えますか？

僕はまだそこまで持っていないですね。巻きで蹴るのかストレートで蹴るのかくらいです。グラウンドが濡れていると巻いたパスは受けるのが難しいから転がすパスを選択するとかはあります。受け手のことを考えて、上を越えるよりも外側から行くようなパスで、とかも考えます。あとは高さで調節したりもします。時間とかスペースとかディフェンスとの距離とかを見ながら調節しています。

34 MF
Takeaki HARIGAYA

Chapter 2

針谷岳晃

「パスは自分そのもの」

「ずっと忘れない時間」

――今、自分に足りないものは？

今さら身体能力のことを言っても無理なものは無理なので。でも体の強さは変えられる部分なので、そこはやっぱりまだ足りないし伸ばしていきたいと思います。でも最近は〝当たり方〟を工夫しているので、当たり負けすることは減ってきました。相手がガツガツ来たらそれを利用して力を逃がしてとか、当たるときはちゃんと当たって絶対負けないという強い気持ちでいけば意外と勝てますね。体重もプロに入ってから10キロくらい増えました。

――守備でも目立つ場面が多いですね

取れたら楽しいですからね。昔は普通に取れなかったし、良くないことですが「どうせ無理」とさぼってしまうことも正直あったのですが、意識で変わるところですから意識し続けてきました。北九州でも守備をやらないと出られませんでしたし、攻撃では違いが出せるけど守備では駄目だって思われたくなかったので。

――今までで一番楽しかったことは？

何だろう。俊さん（中村俊輔）と自主練してたのが一番楽しかったです。一番弟子にしてもらっていたので。学んだことはサッカーに対する姿勢。朝一番早く来て最後に帰るし、自主練は欠かさないしケアも欠かさない。24時間サッカーのことを考えているんだろうなと思います。

あとは全部納得いっていないですし、楽しさとは違いますけど、今年の開幕戦の45分間というのは、これからもずっと忘れない時間になったと思います。

――どういう意味ですか？

ジュビロの開幕スタメンとして出場できたこともそうですけど、自分自身やれることはやれたと思っています。でもそれだけではチームが勝てないというのが分かったし、代わりにピッチに立ったヤットさんがあそこまで存在感を示しました。自分にはまだ足りないものがあると感じさせられました。そういう意味で嬉しさと悔しさが出た試合でしたね。

――これからボランチとして目指す姿は？

数字上の結果を残す選手にならなければいけないということは毎年分かっていることなんですけど、それ以上に内容というか自分のプレーもそうですし、チームへの貢献度が高い選手になっていければと思っています。そして調子の波が無い選手、常に高強度・高基準の選手であり続けられたらなと思います。大分戦のケガで戦列を離れてしまいましたが、もう大丈夫です。ボランチは激戦区ですし、ゼロからのスタートになりますが、練習からアピールしていって、使ってもらえるプレーをし続けられたらと思います。

CLOSE UP PLAYER

金子翔太

結果は最初から決まっている

昨年2月の静岡ダービーを生涯忘れることはないと言う。8年の時を過ごした古巣との初対戦。先発出場を果たしたが、チームは2人の退場者を出して1対2で敗れた。自身のプレーも納得のいく出来ではなかった。

試合後、オレンジ色に染まるアウェイスタンドへと歩み出した。70分に途中交代したが、トレーニングウェアには着替えなかった。ベンチコートも脱いでいた。サックスブルーのユニフォームを着て挨拶することに意味があった。胸を張ることはできなかった。行くべきなのか、ためらいもあった。それでも進んだ。

温かい拍手も起こったが、それをかき消すようなブーイングが聞こえてくる。頭を下げてからもその声が鳴り止むことはなかった。こみ上げる気持ちを必死に抑え、逃げることなく全身で受け止めた。敗戦という結果だけではなく、成長した姿を見せられなかったことが悔しかった。

「この感情を絶対に忘れない」。スマートフォンの待ち受け画面には、1年以上経った今でもその時の写真が設定されている。

栃木県に生まれ、小学3年生の頃にサッカーを始めた。兄が野球をやっていたことへの対抗意識がきっかけであり、「当時は少しひねくれていた」と笑う。その頃から前線のポジションを任されて、ときにはエゴイスティックにゴールを奪ってきた。

中学からはＪＦＡアカデミー福島でプレー。1学年先輩である松本昌也は「足が短いところが翔太の良さ」と茶化すが、身長が他の選手と比べて低い分、細かいタッチのドリブルや狭いエリアでのターンを学生時代に磨き上げ、それは現在も大きな武器となっている。

高校ではプリンスリーグで得点王に輝き、世代別の代表に選ばれるなど順調なキャリアを歩んできたが、清水エスパルスへのプロ入り後は出場機会を得られない日々が続いた。プロ2年目、栃木ＳＣへの育成型期限付き移籍中には初の降格を経験する。

どうすれば試合に出て、チームに貢献できるのか。考え、心掛けたのはチームのために走ることだった。高校まではゴールを決めることにこだわってきたが、プロ入り後は前線からの守備や味方にスペースを空ける動きを増やしていった。清水に復帰したプロ3年目にはその部分が評価され、出場機会を増やしていく。守備のタスクをこなしながらゴールも決められた成功体験が自信を深めた。２０１８年には中盤の選手ながら10得点7アシストを記録。2列目から神出鬼没にゴール前に飛び込み、J1屈指の攻撃的MFとして名を轟かせた。

だが翌年からはプレーエリアや役割の変更などもあり得点数が減少。それとともに出場時間も減っていった。ハードワークやチャンスメイクで貢献しながらも、それだけでは評価されないプロの厳しさを感じた。

２０２１年7月、悩み抜いた末にジュビロへの期限付き移籍加入を選んだ。抵抗もあった。賛否両論があることは理解していた。それでも「本来のポテンシャルを呼び覚ましたい」という覚悟が勝った。

当時チームを率いていた鈴木政一監督とU-19日本代表以来の再会を果たすと、加入後の甲府戦で早速出場。9月の松本戦でゴールを決めるなど存在感を見せたが、加入1年目はピッチに立った17試合すべてが途中出場。不完全燃焼に終わった。「自信を失っているようにも見えましたし、真面目であるが故に自分にプレッシャーをかけてしまうこともあったと思います」と、間近で金子を見ていた山田大記は移籍後の様子を振り返る。大きな決断を下したにも関わらず、望む姿に近づけていない状況に焦りや不安が募った。だからこそシーズン終了後の完全移籍を経て臨んだ2月の静岡ダービーは、一際悔しさがこみ上げた。

大きな転機となったのは昨年7月末の湘南戦だった。先発出場を果たすと、前線からの守備や背後への動き出しなど前向きなアクションを続けてチームを活性化。後半32分には杉本健勇のクロスに飛び込んでネットを揺らし、6試合ぶりの白星をもたらした。試合後、伊藤彰監督は「今日の勝利は翔太のおかげ」と手放しで背番号40の活躍を称えた。

やっと、勝利に貢献できた——。ジュビロに加入して1年。初めて先発フル出場を果たし、自身の決勝ゴールで勝利したという事実に胸を撫で下ろした。湘南戦後はほぼ全試合に出場。先発出場の機会も飛躍的に増えた。攻から守、守から攻への止まることのない連続した動き、間で受けるポジショニングセンス。加入当初の迷いはなくなり、「これが本来の翔太なんだ」(小川大貴)とチームメイトもその変化をはっきりと感じ取った。

だが、自身が復調する一方で、チームは白星を上げられない日々が続いた。サッカーは、「メンタルの影響が大きいスポーツ」だと金子は考える。降格という重圧がかかった状態で普段通りのプレーをすることは難しく、そのプレッシャーを跳ね除けるためには相手を上回る気迫が必要だった。だからこそ、この時期はメディアの取材に対しても「残り試合は人生を懸けて戦う」と強い言葉を発し続けた。

それでも、それを頭で理解していても、チームは心理的に引いてしまう試合展開が続いた。勝点3のために攻撃的に振る舞いたいという想いがある一方で、失点のリスクを下げるための消極的なプレーもあった。その葛藤を最後まで払拭できないまま、J2降格が決まった。プロ2年目の頃と違い、その意味は痛いほど理解している。最後まで抗い続けたが、受け入れざるを得ないという感覚もあった。

「昇格組というJ1で一番下の立ち位置でありながら、相手の方が僕たちよりも走り、闘っていた」。

準備が、足りなかった。

「一番走り、一番闘える集団になろう」。２０２３年、カタールワールドカップで世界基準のプレー強度を見てきた横内監督は、明確なメッセージを掲げてチーム作りを始めた。プレシーズンは連日走り込みが行われ、1対1の局面が数多く生まれるメニューが増えた。体力的には厳しかったが、その必要性は誰もが理解していた。サッカーはチームスポーツだが、一人ひとりがデュエルで負けなければ勝率は高まる。そう信じて、昨年乗り越えられなかった課題と向き合った。

「10年間のプロ生活で、今が一番自分の身体のことを理解できています」。試合で全力の走りを見せるため、プロ3年目からの約7年間、コンディションに関わるすべてのデータを記録し続けてきた。体重や体脂肪、筋肉量。それらを自身が一番活躍していた頃の数値まで高めるべく、全体練習後に個人トレーニングに励んだ。シュートのフィーリング、ジャンプの高さ、切り返し時の踏ん張り。そうした動きとコンディションを細かく照らし合わせながらパフォーマンスを高めていった。

プレーの幅でも進化を見せる。献身性はハードワークやプレスバックに留まらない。相手の目線を引きつけるポジション取り、味方にスペースを与えるランニング、仲間がボールを奪いやすくなるための間合いの詰め方。そうした細かいチームプレーを今まで以上に意図的にできるようになった。だから「ここに顔を出してくれて助かるよ」と、さりげないプレーを褒められることには嬉しさを感じる。同じ選手たちと長い時間プレーを重ね、お互いの特徴を理解したことで同じ絵を描きやすくなった。自然に身体と頭が動く感覚が今はある。

3月18日、ジュビロに加入してから3度目の静岡ダービーが行われた。舞台は昨年と同じエコパ。結果は引き分けだが、昨年よりも納得のいくパフォーマンスを見せることができた。試合後は、少しだけ胸を張れた自分がいた。

14試合を終えた時点で10位。この成績には到底満足できていない。チームの底上げを感じる一方で、昇格に向けて「悠長なことは言っていられない」と厳しく自分を追い込む。昨年よりも観客の少ないアウェイゲーム、J1のハイライトしか流れないスポーツニュース。J2が簡単なリーグではないことは理解しているが、ここで戦うことの悔しさを失うことはない。J1で上位を目指すクラブでありたいという使命がある。

チームが上向くためには何が必要なのか。試合後のメディア向けのミックスゾーンでは、個人のプレーではなく、チーム全体のことから語り出す。自身が良いパフォーマンスをするためにはチームが機能する必要があり、その両軸を常にセットで考える。その姿勢はプロ入り後から変わっていない。個人の悩みはチームの悩みでもあり、学生の頃にあったエゴは微塵もない。近いポジションでプレーする鈴木雄斗は、「上手くいっていない時に、どう改善していくかを論理立てて話し合える選手」と語る。目標である昇格を掴めるか、来年J1の舞台で堂々とした戦いを見せられるか。それは今、チームがどんな準備を積み重ねられるかに懸かっている。

ずっと大事にしてきた言葉がある。「結果は最初から決まっている」。試合中に突然上手くなることはない。だから試合までの準備を大切にしようと自分に言い聞かせてきた。結果が出なかったなら、それは準備が足りなかったということ。試合前の一週間、一ヶ月で自分が納得するまでコンディションを上げられるか。自分に嘘をつかずに、どれだけ自信を持って試合に臨めるか。それらが整った時、ようやく良いパフォーマンスが出せると信じている。

電撃的な移籍から約2年。背番号40のユニフォームを着たサポーターは日増しに増え、ゴール裏にも金子のゲートフラッグやタオルマフラーが並ぶようになった。

「走れ翔太 ララララララ」。試合前、今季から歌われるようになった軽快なメロディラインが聞こえてくる。その声援に応えた金子はサックスブルーに染まったスタンドに向かって丁寧に頭を下げた。

「ダービーで点を取ったら歌詞が〝愛してる翔太〟に変わると聞きました。ジュビロでそういう存在になりたいですし、次は必ずゴールを決めてみせます」

金子翔太

結果は最初から決まっている

59 生まれ変わったら何になりたい?
松山英樹(プロゴルファー)

60 魔法をかけることができたら何をしますか?
部屋を一瞬で綺麗にする
綺麗好きなので

61 特殊能力を身につけられるとしたら何が良い?
人の気持ちを読む
何を考えているか気になるので

62 もし昔に戻れるならいつに戻る?
高校生
サッカーで行けなかったことも多かったので、もっと学校生活を楽しんでおきたかった

63 ひとつだけ自分の何かを変えられるとしたら?
足の速さ

64 コンビニでよく買うものは?
キレートレモン

65 得意料理は? 魚をさばく

66 ルーティンは?
左足からピッチに入ること

67 サッカー選手以外でなりたい職業は?
プロゴルファー(トッププロ)

68 海派? 山派? 海

69 肉派? 魚派? 肉

70 ストレス解消法は?
ゴルフをすること

71 自分の自慢は? 持久力

72 自分の好きなところは?
周りに影響されないところ

73 言われて嬉しい言葉は? すごい

74 好きなサッカー選手は?
セスク・ファブレガス

75 どんなところが?
プレースタイル、小さい頃からずっと見ていたので

76 好きな海外のサッカーチームは?
レアル・マドリード、リヴァプール

77 好きな海外の代表チームは? スペイン

78 ジュビロのOBで好きな選手は?
川口信男さん
家族ぐるみで仲が良くて、初めてサッカーを教えてくれたのが信男さんです

79 特に仲の良い選手は?
ノリくん

80 尊敬する選手は? みんな

81 チームで一番面白い選手は?
ノリくん

82 チームで一番サッカーが上手い選手は?
みんな

83 チームで一番頑張っている選手は?
(高野)遼くん

84 チームで一番ポテンシャルが高い選手は?
(小川)大貴くん
身体能力が高いので

85 チームで一番成長しそうな選手は?
自分

86 チームで一番私生活が気になる選手は?
(三浦)龍輝くん
変わり者だと思うので

87 チームで一番苦労している選手は? みんな

88 チームで一番面白いスタッフは?
正木さん スパイクオタクで変わっています

89 チームで一番イケメンな選手は? リカルド

90 チームで一番頼りになる選手は?
(山田)大記さん

91 対戦した中で一番上手いと思った選手は?
西大伍さん

92 チームとして今一番必要なことは? 勝利

93 チームとして自信を持ってもいいところは? 一体感

94 今の自分は100満点中何点ですか? 5点

95 自分にとって足らないものは? いっぱいあります

96 将来の自分は何になっていますか?
ジュビロの中心選手

97 ジュビロ磐田は好きですか?
はい!

98 どんなところが好きですか?
全部が好き

99 自分の支えは? 家族

100 たくさんの質問に答えた最後に一言
みんなからの一言を見るのが楽しみです

21/三浦龍輝
スイングの割にスコアが伸びない

28/鹿沼直生
ナルシスト

34/針谷岳晃
ボケの角度が変

42/後藤啓介
ゴルファー

22/中川創
ガッツリイケメン

29/ファビアンゴンザレス
非凡なパスセンス

36/リカルドグラッサ
テクニック

50/遠藤保仁
ゴルフバカ

23/山本康裕
ゲーマー

31/古川陽介
アイアンの押し売り

39/高野遼
可愛げがないけど可愛い

77/大津祐樹
BeReal

27/吉長真優
キツネ顔

33/ドゥドゥ
マジシャン

40/金子翔太
おぼっちゃま

81/梶川裕嗣
面白くない

選手解体新書

MF 38

-KENSUKE FUJIWARA-

藤原健介に聞く100Q

まだ誰も知らない選手の素顔に迫る、大人気連載企画『選手解体新書』。今回は3月25日のルヴァンカップ札幌戦でプロ初ゴールを決め、今後の活躍に期待が懸かる藤原健介選手に100の質問に挑戦してもらいました。普段はクールな藤原選手は、チームメイトからどう思われているかがとっても気になるみたいです。磐田市出身らしく、ジュビロ愛に溢れる回答にも注目してご覧ください。

1 お名前は?
藤原健介

2 生年月日
2003年12月21日

3 出身地
静岡県磐田市

4 出身チーム
ジュビロ磐田U-18

5 身長
177センチ

6 体重
70キロ

7 血液型
AB型

8 利き足
右

9 利き手
右

10 ポジション
MF

11 背番号
38

12 自分の長所は?
努力できること

13 自分の短所は?
ちょっと短気なこと

14 趣味は?
ゴルフ

15 自分の性格を一言で言うと?
変
周りからよく言われます。あとAB型なので

16 努力家か天才派か
努力家

17 好きな番号は?
13と38
13はユースの時につけていた番号です

18 好きな色は?
サックスブルー

19 選ばない色は?
オレンジ

20 好きな食べ物は?
エビチリ

21 嫌いな食べ物は?
トマト

22 好きな飲み物は?
ガラナ

23 好きなおにぎりの具は?
ツナマヨ

24 好きなブランドは?
Admiral

25 好きな芸能人は?
出川哲朗

26 好きな車は?
ジープ

27 好きな場所は?
ゴルフ場と実家

28 好きな時間は?
二度寝している時間

29 好きな言葉は?
大胆不敵

30 好きなテレビ番組は?
月曜から夜ふかし

31 好きな映画は?
闇金ウシジマくん

32 好きな季節は?
春
花粉症じゃないので

33 嫌いな季節は?
夏

34 好きな花は?
バラ

35 好きな匂いは?
柔軟剤

36 好きなミュージシャンは?
サム・スミス
最近聴き始めました

37 好きな歌は?
I'm Not The Only One
/サム・スミス

38 思い出の一曲は?
勝利の笑みを 君と/ウカスカジー
小学生の頃によく聞いていました

39 最近泣いたこと
ジュビロ磐田U-18での最終戦
2対1で勝った後にこみあげてきました

40 最近笑ったこと
ノリくん（山本義道）が1年を10ヶ月で計算していたこと
年俸1000万円の選手の月収を100万と計算していました

41 最近怒ったこと
（古川）陽介が時間にルーズすぎること

42 最近嬉しかったこと
ゴルフのベストスコアを92に更新

43 最近悲しかったこと
U-18のチームメイトがみんな遠くにいってしまったこと

44 最近始めたこと
スパイクやスニーカーの靴磨き
久しぶりに再開しました

45 最近諦めたこと
諦めたことはないです

46 最近買ったもの
服

47 最近買ったけど失敗したもの
ゴルフグローブ
右利きなのに左利き用を買ってしまいました

48 今一番行きたい場所は?
沖縄

49 その理由は?
海が好きなので

50 今一番したいことは?
ゴルフの名門コースでラウンドする

51 今一番欲しいものは?
英語力
家族で姉2人と父親がペラペラで、自分と母親だ
喋れないので

52 今までで一番悔しかったことは?
昨年が思い描いたシーズンにならなかった

53 今までで一番感動したことは
2010年のナビスコカップ優勝

54 今までで一番苦しかったことは?
昨シーズン

55 一日オフ、何をしますか?
ゴルフ

56 一週間オフ、何をしますか?
ゴルフして、友達と遊ぶ

57 一年オフ、何をしますか?
ゴルフをしつつ旅に出る

58 自分を動物に例えると
オオカミ
なんとなくです

TEAM MATE COMMENTS
藤原健介と聞いて連想される言葉

3／森岡陸
お母さんが美人

7／上原力也
ゴルファー

14／松本昌也
風呂でゴルフ動画ばかり見てる

4／松原后
喋らせるとよく喋る

8／大森晃太郎
ムッツリスケベ

15／鈴木海音
先輩面してくる

1／八田直樹
磐田育ち

5／小川大貴
態度が同期

10／山田大記
足が遅い

17／鈴木雄斗
父親とゴルフ場で会いました

2／山本義道
天然

6／伊藤槙人
スーパーFK

13／藤川虎太朗
プロゴルファー猿

18／ジャーメイン良
顔面すかし男

シン・創の部屋

Shin So no Heya

サポマガの大大大人気コーナー、『創の部屋』が新ソウ開店!今シーズン、イッソウ頼もしくなってジュビロに戻ってきた中川ソウ選手のもとを訪ねたのは、普段から仲が良いという先輩二人でした。ルールルルッルルル ルールルッ♪

ゲスト 小川大貴

ゲスト 松本昌也

中川 創

祝!復活

ソウ 今回はなんと、**『創の部屋』祝!復活会**です。

ダイキ お願いします!

マサヤ ます! ルールルルッルルルールル〜♪。

ソウ じゃあまずは三人の関係性から。俺が一番年下で……。

マサヤ え、「創の部屋始まります!」みたいなのないの?

ダイキ **こんなにぬるっと入るの?**

ソウ そうです。**ばかフリートークなんです。**このコーナーは。

一同 あはははは。

ソウ ダイキ君とマサヤ君は付き合い長いですからね。

ダイキ だってまさおがジュビロ7年目だからね。そこからずっとだもん。

ソウ マサヤ君は今の僕くらいの年にここに来たからね。

マサヤ うん。

ダイキ **二人とは家族ぐるみで仲良いね。**うちの子どもの面倒とかもすごい見てもらったり。もう娘はまさおが大好き。

マサヤ かわいいなぁ。

ダイキ 息子も二人のことが大好き。ソウが琉球に行く前は、僕の家の隣にソウが住んでてね。

ソウ すぐ隣の別のマンションに住んでました。ダイキ君の**マンションがデカすぎて日陰みたいになってたけど。**

一同 笑。

ダイキ あれはあそこに建ったのが悪いからね(笑)。

ソウ 1日の日照時間が朝の2時間くらいしかないんじゃないかってくらい(笑)。

ダイキ ……(笑)。子どもが幼稚園から帰ってくると、外からソウのマンションの下に走って行って、個人情報丸出しなんだけど、「ソウく――ん!」って叫んで。

ソウ 僕だいたい昼寝とかしてるんですけど、その声が聞こえたらガラガラって窓開けて「は――い!」って。

マサヤ あははは!

ダイキ 4、5回呼んでも出てこなくてさ。あいつ多分寝てるなと思って、娘に「やめな」って言っても、「ソウ君に会いたいの」って。ずっと呼び続けてね。そしたらだいぶ経って窓がガラガラって開いて、「なぁに〜?」って。絶対寝てたやろなって感じで(笑)。

ソウ **ゴリゴリの寝起きでした(笑)。**

ダイキ なのに「あそぼー!」って娘が言うと、「いいよ〜!」って言ってくれる。

ソウ ちょうどいいんですよ。寝過ぎることなく昼寝から起きられるから。

ダイキ ソウが引っ越した後もずっと言ってたからね。「ソウく〜ん!」って。「ソウくんいないなぁ」とか言って。

マサヤ かわいすぎるな。**僕もよくダイキ君の家におじゃましてます。**

ダイキ そうそう。うちの子どもたちとお風呂も一緒に入ってるもんね。

マサヤ あとは寝るだけっす。それ以外のことはほぼしました。

ダイキ そうだねぇ。お風呂も入れてもらって、ドライヤーもしてもらって。

マサヤ 歯磨きもしたことあるし。

ダイキ 娘が小さい頃、抱っこしてて眠たくなってくると、僕と嫁の耳たぶを触るんですよ。**ついにまさおの耳を触ったからね。**

マサヤ 懐いてくれた。

ソウ それくらいの関係ですね、僕たち。

新旧選手会長

ソウ じゃあ、ごろっと話題を変えまして。新旧選手会長としてちょっと話を聞けたらなと。**マサヤ君が新、ダイキ君が旧。**

ダイキ 選手会長ねぇ。皆さんが思ってる以上に大変というか……ねぇ。

マサヤ 文句しか言われない(笑)。

ダイキ そうそう、文句しか言われないんだよね(笑)。

ソウ ぶつけてぶつけて、そういうのをここで。

マサヤ 「じゃ〜あ、あなたがやってください!」ってなる(笑)。

ダイキ チーム内でね、決まり事を忘れちゃったときの罰金とかを集めたりしなきゃいけないんだけど。

マサヤ 「なんで?」って言われて、いやいや自分が忘れてるんやん、って(笑)。ダイキ君の気持ちがよく分かった。

ダイキ だからね、ほんとはまさおに選手会長引き継ぎたくなかったのよ。大変なんで。まさおのこと好きなんで。ちゃんと整備してから渡そうと思ったんだけど、去年の年末俺がね。

マサヤ あ〜(笑)。

ダイキ **みんなに色々言われ過ぎて。「じゃあもうやらない!」って。「納会だって、もうやらな〜い!」って俺が怒って(笑)。**

ソウ そうだったんだ。

ダイキ でもこの流れで来たら次はさ。(ソウを見る)

マサヤ そう。そういうことなんですよ。(ソウを見る)

ソウ いやいや、俺にはできないなぁ(笑)。この前も一緒にマサヤ君とコーヒー豆を買いに行ったね。

ダイキ コーヒー豆も切らすと言われるんだよ。「何でコーヒー豆ないの?」って。「てか、このコーヒー豆まずくない?」とかって。

マサヤ・ソウ あはははは!

マサヤ じゃ〜あ、お前が買って来い!

ダイキ 俺が時間割いてさ、みんなのためにコーヒー豆買ってさ。万人に受けるの探してさ。

マサヤ コーヒーマシンだって、ダイキ君が洗って綺麗にしてくれてたのに。

ダイキ 雑務ですよ、選手会長なんて(笑)。

ソウ **そういうの、もっとみんな感謝した方がいい。**

マサヤ 感謝した方がいい!

ダイキ ほんとだよね。選手会長っていう響きは一見ね。

ソウ 偉そうに聞こえるけど。

ダイキ 全然偉くないという(笑)。ほんとはね、もっと対外的なことを増やさなきゃいけないんだけど。**地域貢献活動とか、子どもたちのためにとか、そういう活動をもっと提案していきたいね。**

ソウ そうですよね。

マサヤ 頑張ります!

祝！結婚

ソウ　続きましてのテーマは、祝結婚！ということで。
ダイキ　おぉ～！そうだ。二人ともおめでとう！
マサヤ・ソウ　ありがとうございます。
ダイキ　二人とも公式リリースで発表したの？
ソウ　僕はしてないです。
マサヤ　僕もしてないです。
ダイキ　クラブの公式ＨＰのプロフィールを既婚にしただけ？
マサヤ・ソウ　そうです。
ダイキ　渋くない？二人とも（笑）。
マサヤ　結婚生活の秘訣は何ですか？
ソウ　それ聞きたい。**ダイキ君のところはおしどり夫婦**ですもんね。
ダイキ　秘訣？やっぱりお互いが認め合えるような関係性を作ることが大事だと思う。ちょっと真面目な話だし、すっげー個人的な意見だけど、「私はこんなにやってるんだから、旦那さんも家事を手伝うべき」みたいな夫婦の関係性がそもそも間違ってると思う。「手伝うよ」って言ったら、「手伝うって何？」みたいになるじゃん。そもそもそういう話じゃないと思うんだよね。
ソウ　これはしっかり聞いとかないと。
ダイキ　**思いやる気持ちがあったらさ、家事も自然とやるじゃん。**
マサヤ　素晴らしいな。鑑だな。
ダイキ　いや、最近俺も「ちょっと面倒くさいな」って思うことあるの。例えば、洗濯機が終わる音が遠くから聞こえてくるじゃん。「あ、聞こえたわ～、洗濯終わったわ～」って（笑）。でも自分はもう聞こえた時点で、やらないという選択肢は無い。「あ、聞こえた」ってなって、とりあえず洗濯機を開けに行く。そしたらもうやるしかないじゃんね。「あ、マヨネーズ無い」、「ケチャップ無い」。「いや、行きたくない～」って一瞬思うけど、とにかく気付いたらすぐに「買いに行こうか？」って言ってみる。で、心の中で「頼む。大丈夫だよって言ってくれ～」って思って（笑）。
マサヤ　そしたら「いいの？」って言われるんですよね（笑）。
ダイキ　そう。だから即答で「全然いいです！」って（笑）。
一同　あははははは！
ソウ　でも素晴らしいと思います。
ダイキ　自分を追い込む……追い込むっていうのも変な言い方だな。とにかく気付いたらすぐ言動に移せば、必然的にやるしかなくなるから。
ソウ　その状況に自分を持っていくってことね。
ダイキ　そうそう。まぁそういうときもある、ってくらいだよ。基本的にうちは「自分がやるよ」っていう気持ちをお互いに持ってるからさ。
ソウ　ちょっと面倒くさいってなっちゃったときに、ってことだよね。
ダイキ　そうそう。そこで踏ん張る方法。とにかくやっちゃえばいいと思う。
マサヤ　なるほどねぇ。
ダイキ　それをやっていくと、もう当たり前になってくる。洗濯物も最初は大変だなと思っていたとしても、慣れてくるとテレビとか見ながら何事もなかったかのように畳み終わってたりする。
ソウ　気付いたら終わってると。
マサヤ　もはや無意識。
ソウ　でも、よく言うじゃないですか。結婚してすぐに色々とやり過ぎたらもう後戻りできないよって。
マサヤ　やるのが当たり前になっちゃう、みたいなね。
ソウ　逆にやらなかった自分がちょっとずつやるようになったら、ポイントっていうか。
マサヤ　加点されていく、みたいな？
ソウ　されていくよ、みたいな話をこう、この世界の界隈ではまぁ、よく聞くじゃないですか（笑）。
ダイキ・マサヤ　聞くねぇ（笑）。
マサヤ　でも家庭にもよるよね。
ダイキ　そうだね。関係性ができていればいいんだと思う。僕は結構、ご飯作って洗濯物干して、子どもたちを送り迎えしてっていう感じでやるときはやるけど、逆に疲れてるときは、普段やってるから「いいよいいよ、今日はやらなくて」って奥さんも言ってくれるし。そこは良い関係性を築けてるんだなと思う。そもそも、そんな計算したりやらしい気持ちでやるもんじゃないよな（笑）。
ソウ　確かに（笑）。僕もそんなに家事とかは苦じゃないんですよね。
マサヤ　俺もやるようにしてるから、それが当たり前になってる。
ダイキ　二人とも一人暮らしが長かったからね。自分でできちゃうよね。

趣味の話

ソウ　では続きまして、趣味の話を聞きたいです。ダイキ君あります？
ダイキ　何だろうなぁ。それこそ娘が「釣りしたい」って言ってる。
マサヤ　そうなんだ。
ソウ　マサヤ君ぴったりじゃないですか。
ダイキ　まさおと釣りに行かせてくれ！ってしょっちゅう言ってる。
ソウ　マサヤ君が釣りやってるの知ってて言ってるんじゃないですか？デート行ける！って。
ダイキ　そうかもなぁ。
マサヤ　あはは！
ソウ　今年釣り行ったんですか？

こ～んな
ちっちゃい魚
1匹。

マサヤ　今年行ったよ。2、3回行った。一人で。

ダイキ　一人で行ってるのは本気だもんね。

ソウ　バス釣り？

マサヤ　バス釣り。でもね、釣れないんよ。あんまり。やれ浜北の方に行けとかあそこがいいとか、色々言われるけど釣れなくて。浜名湖に変えて海釣りしようかなと。

ダイキ　海釣り楽しそうじゃん。

ソウ　いいですよね。でも僕1回、**小川航基（現横浜FC）と行って、6時間投げて1匹しか釣れなかった。**

ダイキ　航基さぁ、全然釣れないよね（笑）。

ソウ　航基君マジで釣れない（笑）。

マサヤ　なんかさ、この前、航基めっちゃでっかいクーラーボックス持って行っててさ。その中に入ってるの、こーんなちっちゃい魚1匹。※大きさは写真参照

ソウ　誰よりもでかいクーラーボックスなのにね。

マサヤ　そう！誰よりもでかいのに。くくくく。

ダイキ　あそこまでいったらさ、センスの問題？

マサヤ　めっちゃちっちゃい魚1匹。くくくく。

ソウ　でも竿とかすごい良いもの買ってるんですよ、多分。

マサヤ　でも正直やっぱ上手さは人によってあるんすよ。釣る魚によって、タナのとり方とか。底についたかどうかとか。分かるんですけど、だいたい。

ダイキ　航基は分かんない、みたいな言い方（笑）。

マサヤ　この前（金子）**翔太と行って。翔太0匹で俺は4匹くらい釣った。**

ダイキ・ソウ　あははは！

マサヤ　やっぱ多少あるんですよ。だってお互い隣で釣ってるんですよ？確率じゃないですか。だから、下についた感覚とか、巻くスピードとか、上手い人のを見るといいっす。それを真似してやるのがいい。

ダイキ　まさおはもう釣りチャンネル開けばいい。

ソウ　**鹿児島キャンプのときとかもずっと見てるんですよ、釣りの動画を。**

マサヤ　毎日見てます。

ダイキ　本気だわ。あれも言ってたじゃん。カエル飼いたいって。

ソウ　言ってましたねぇ。

マサヤ　爬虫類も結構見るのが好きで。**蛇とかカエルとかをYouTubeで見てます。**餌を食べてる動画とかも見てるっす。

ダイキ　動物が食べる系だったらさ、パンダが笹食べてるのが一番いいよ。

一同　あははは！

ソウ　それは可愛い。

ダイキ　**元気ないときとか、気付いたら20分くらいずっと見てたもん。**ほんと見てみ？可愛いから。

マサヤ　癒しを求めてる（笑）。

ソウ　そういえば行ったもんね、爬虫類を売ってるお店。

マサヤ　浜松にあるんですよ。

ソウ　そこでカエルをいっぱい見て、餌とかね、食べるところも見せてもらって。横でマサヤ君、「いいなぁ」ってボソッと。

ダイキ　でもそれを家で飼う許可は出ないでしょ？

マサヤ　許可は……ダメらしいです。ダメって言われました。

俺がいないときに「無理だ、私世話できない」って。

ダイキ　どんなカエルを飼いたいって言ったの？

マサヤ　水中で飼えるカエルがいるんす。「これどう？」って言ったんですけど、「ちょっと無理」、「それでも無理」って言われました（笑）。

ダイキ　ちょっとカエルは俺もなぁ。

ソウ　じゃあさ、マサヤ君がキャンプとか遠征のときは、一緒に帯同すれば？ちっちゃいケースみたいなのに入れて。

マサヤ　やばくね？（笑）。

ダイキ　スーツケースの上に乗っけて行けばいいじゃん。ガラガラガラ～って。

ソウ　でも、**もしマサヤ君と同じ部屋になったら、結構眠れないかも（笑）。**

ダイキ　あははは。ソウの趣味は？

ソウ　僕もこれっていうのは無いですねぇ。でもオフの日はじっとしていられなくて、何かしらしていたいタイプです。

ダイキ　キャンプとかやれば楽しそうだよね。

ソウ　いや、そうなんです。今年はキャンプやりたいなって思ってて。

ダイキ　キャンプやろうよ、みんなで。

マサヤ　キャンプって言ったら、俺はもう釣りとセットになっちゃうから、川が近くにあったり、湖の周りでやりたいです。

ダイキ　食べられる魚釣ってきてくれるならいいけど。

ソウ　マサヤ君が釣るのって、ブラックバスでしょ？

マサヤ　あははは。

ダイキ　それはちょっと別のキャンプ場行くかもしれない（笑）。

マサヤ　でもお米とか炊いたりして。美味そうだな。

ソウ　**みんなでキャンプ行けたらいいですね！**ということで、先輩方、シン・創の部屋にお越しくださり、ありがとうございました～！

ダイキ・マサヤ　ありがとうございました～。

Ahahaha!
Shin・So no Heya

SBSアナウンサーの放送席からひとこと ON AIR

「これが静岡か」。4月12日（水）、初めてヤマハスタジアムを訪れ、最初に抱いた感情です。前任地の秋田でもサッカー取材は何度も経験してきましたが、J1規格のスタジアムで試合を見たのはこれが初めてでした。サッカーの試合が見やすいスタジアム、響き渡るサポーターの声、鮮やかに躍動するサックスブルーの選手たち。平日のナイトゲームにこれだけの方が試合を見に来て、その上ほとんどの方がユニフォームを身につけている。皆さんにとってはきっと、いつもの光景だと思いますが、私は大きな衝撃を受けました。生観戦ってやっぱり良いですね。

少しだけ自己紹介をさせてください。大阪府出身の26歳。この春、SBSに入社し、県内スポーツを速く熱くお伝えするスポーツ番組「みなスポ」を担当しています。静岡に来るまでは、秋田で働いていて、J2ブラウブリッツ秋田の番組を作っていました。でも、サッカーを学び出したのは社会人になってから。学生時代はなんとなくゴールの瞬間に興奮するだけでしたが、その過程に注目するようになってから一気にサッカーが面白くなりました。

ほんのわずかですが、磐田との縁もあります。秋田がJ2初年度を迎えた2021年のこと。秋田はJ2の高い壁にぶつかり、スタジアム問題などクラブとしてさらなる高みを目指すための課題と向き合っていました。集大成となるシーズン最終戦の対戦相手は磐田。結果は2対1で磐田の勝利でした。J2優勝を決め、素晴らしいスタジアムを持ち、地域に愛されている姿を見て「こんなクラブになれれば秋田の未来は明るい」と感じました。

写真を撮影したのは、今年の4月16日（日）の熊本戦。PKで追いつくもセットプレーや決定機を仕留めることができず、2試合連続のドローでした。これから先、サポーターの笑顔があふれるような試合をみなスポでどんどんお伝えしていきたいです。

SBSアナウンサー
青木隆太（あおき・りゅうた）
大阪府南河内郡太子町出身
【担当番組】
SBSテレビ：「みなスポ」（毎週土曜）
SBSラジオ：「TOROアニメーション総研」（毎週月曜）

りれ→ de ジュビロ

ジュビロ磐田スタッフによるリレー形式コラム

アシスタントフィジカルコーチ
稲田崚佑

サポーターズマガジン読者の皆さん、はじめまして！今季からジュビロ磐田のアシスタントフィジカルコーチとして加入した、稲田崚佑です。出身は愛知県豊田市で「イナちゃん」と呼ばれています。これからどうぞよろしくお願いします！

自分は“アシスタントフィジカルコーチ”として、中馬フィジカルコーチと共に練習のウォーミングアップやフィジカルメニューの部分を主に担当しています。大学まではプレーヤーとしてサッカーをしていたのですが、高校生くらいの頃からぼんやりと「サッカー選手をサポートする仕事をしたい」と思うようになりました。なかでも選手のパフォーマンスを高めるためのサポートをする“フィジカルコーチ”に魅力を感じ、大学では専門性の高い勉強をしようと思い、中京大学に進学しました。中京大学では修士課程を修了して博士課程に進んでいたのですが、1年目が終わる頃にジュビロ磐田からお話があり、「いきなり自分がプロの世界に…?!」と本当に驚きました。それでもこんなビッグチャンスは滅多にないと思い、大学院を辞めて磐田に来ることを決めました。

トップチームの中では、カヌ（鹿沼直生）と、マネージャーのトキ（谷川聡哉）と同級生にあたる1997年生まれです。チームスタッフとしては最年少になるので、同い年2人の存在は加入当初からとても頼もしく感じています。カヌが「ちょっと見てもらっていい?」と声を掛けてくれることも多いので、練習後のフリートレーニングを一緒にやったり、良い距離感でサポートさせてもらっています。

今季のホーム開幕戦、初めてヤマハスタジアムで声援を聴いた時は鳥肌が立ちました。あんなに近い距離で、あれだけ熱く応援されたら、選手の気持ちは高まるだろうなあ…！と自分もすごくテンションが上がりました。トップチームで活動するのはジュビロが初めてですが、スタッフが選手に求める基準の高さや、勝利のために細部にこだわる姿勢はすごく刺激になります。何より「勝ちたい！」という熱い想いを共有できるこの環境にいられることが本当に幸せです。僕も微力ながら、少しでもチームに貢献できるよう頑張ります。サポーターの皆さんも、引き続き変わらない熱量で、一緒に闘っていただけたら嬉しいです。

稲田崚佑アシスタントフィジカルコーチに励ましのメッセージをお待ちしています。 宛先 〒438-0025 静岡県磐田市新貝2500 ジュビロ磐田 サポマガ『りれーde ジュビロ』宛

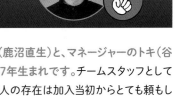

若きジュビロにエールを

ジュビロU-18＆U-15

News

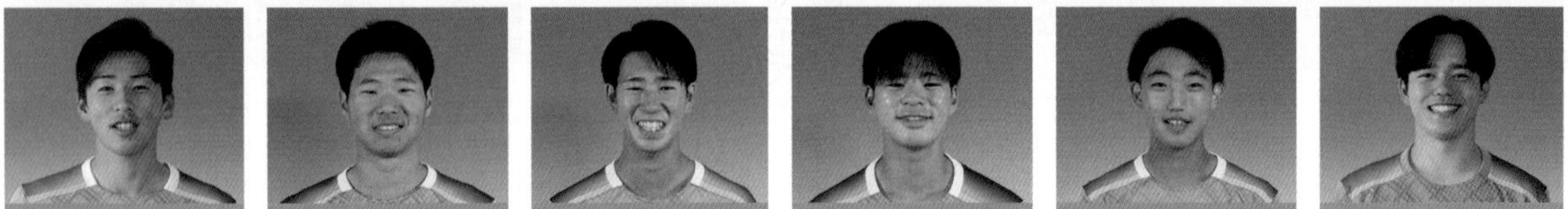

伊藤《いとう》稜介《りょうすけ》 DF／6
（175cm・69kg・3年）
ジュビロ磐田U-15

竹村《たけむら》　俊《すぐる》 DF／5
（185cm・73kg・3年）
ジュビロ磐田U-15

平野《ひらの》稜恩《りおん》 DF／4
（179cm・66kg・3年）
ジュビロ磐田U-15

沼田《ぬまた》大輝《たいき》 DF／3
（175cm・69kg・3年）
TSV1973四日市U-15

李《り》　京樹《きょんす》 DF／2
（178cm・71kg・3年）
FC多摩

齊藤《さいとう》貫太《かんた》 GK／1
（184cm・73kg・3年）
ジュビロ磐田U-15

ジュビロ磐田 U-18

岡田《おかだ》幸成《こうせい》 FW／13
（189cm・72kg・2年）
柏レイソルA.A.TOR'82

竹田《たけだ》優星《ゆうせい》 MF／12
（172cm・64kg・3年）
ジュビロ磐田U-15

バルア《ばるあ》 ロイ《ろい》 FW／11
（174cm・61kg・3年）
FC多摩

舩橋《ふなはし》京汰《きょうた》 FW／10
（177cm・69kg・3年）
TSV1973四日市U-15

白石《しらいし》瑛也《えりや》 FW／9
（174cm・69kg・3年）
ジュビロ磐田U-15

中村《なかむら》駿太《しゅんた》 MF／8
（163cm・62kg・3年）
ジュビロ磐田U-15

鈴木《すずき》泰都《たいと》 MF／7
（175cm・66kg・3年）
ジュビロ磐田U-15

甲斐《かい》佑蒼《ゆうあ》 DF／20
（177cm・65kg・1年）
ジュビロ磐田U-15

寺田《てらだ》阿輝彦《あきひこ》 MF／19
（168cm・59kg・2年）
ジュビロ磐田U-15

森《もり》　力介《りきのすけ》 MF／18
（162cm・54kg・2年）
ジュビロ磐田U-15

川合《かわい》徳孟《とくも》 MF／17
（171cm・64kg・2年）
ジュビロ磐田U-15

飯田《いいだ》恵然《けいぜん》 GK／16
（181cm・71kg・2年）
ジュビロ磐田U-15

後藤《ごとう》翔吾《しょうご》 DF／15
（169cm・70kg・2年）
ジュビロ磐田U-15

山本《やまもと》将太《しょうた》 FW／14
（171cm・66kg・2年）
ジュビロ磐田U-15

横山《よこやま》航大《こうた》 DF／27
（177cm・64kg・1年）
ジュビロ磐田U-15EAST

松下《まつした》颯汰《そうた》 DF／26
（186cm・75kg・2年）
長崎ドリームFC

渥美《あつみ》慶大《けいた》 DF／25
（180cm・68kg・2年）
ジュビロ磐田U-15

河合《かわい》優希《ゆうき》 FW／24
（168cm・63kg・2年）
ジュビロ磐田U-15

小澤《おざわ》有悟《ゆうご》 DF／23
（167cm・55kg・1年）
ジュビロ磐田U-15

森島《もりしま》皐雅《こうが》 DF／22
（171cm・71kg・1年）
ジュビロ磐田U-15

吉岡《よしおか》幹太《かんた》 GK／21
（176cm・63kg・1年）
ジュビロ磐田U-15

河合《かわい》航希《こうき》 FW／34
（168cm・59kg・1年）
ジュビロ磐田U-15

石塚《いしづか》蓮歩《れあ》 MF／33
（178cm・66kg・1年）
ジュビロ磐田U-15

持永《もちなが》藍雅《あいが》 FW／32
（165cm・58kg・1年）
ジュビロ磐田U-15CENTRAL

杉浦《すぎうら》凛乃助《りんのすけ》 GK／31
（181cm・72kg・1年）
ジュビロ磐田U-15

伊藤《いとう》誓良《ちから》 MF／30
（170cm・60kg・1年）
FC豊橋デューミラン

髙澤《たかさわ》海志《かいと》 MF／29
（169cm・60kg・1年）
ジュビロ磐田U-15

一木《いっき》朝日《あさひ》 MF／28
（165cm・53kg・1年）
ジュビロ磐田U-15

ジュビロ磐田U-15（1年）

1	GK	立石《たていし》　暁士《あきと》	11	MF	西川《にしかわ》　颯亮《そうすけ》
2	MF	縣《あがた》　真汰《しんた》	12	MF	西脇《にしわき》　令《れい》
3	MF	上本《うえもと》　翔海《つばさ》	13	MF	沼野《ぬまの》　蕾虎《らいと》
4	FW	大塚《おおつか》　昊《そら》	14	MF	船津《ふなつ》　慧真《けいしん》
5	FW	加茂《かも》　優羽《ゆうわ》	15	FW	堀内《ほりうち》　陽太《ひなた》
6	DF	北村《きたむら》　壱梧《いちご》	16	GK	萩原《はぎわら》　璃斗《りと》
7	MF	小山《こやま》　櫂《かい》	17	DF	松本《まつもと》　風輝《ふうき》
8	MF	佐久間《さくま》　心輝《しんき》	18	DF	村松《むらまつ》　闘眞《とうま》
9	MF	高澤《たかさわ》　弦《げん》			
10	MF	富原《とみはら》　虎太朗《こたろう》			

ジュビロ磐田U-15（2年）

19	MF	青山《あおやま》　大晟《たいせい》	29	FW	小平《こだいら》　柊斗《しゅうと》
20	DF	池田《いけだ》　翼《つばさ》	30	MF	高橋《たかはし》　夢生《むう》
21	GK	鳥居《とりい》　巧夢《たくむ》	31	GK	奥澤《おくざわ》　悠希《ゆうき》
22	FW	内山《うちやま》　頌《しょう》	32	MF	中村《なかむら》　吉玖《よしひさ》
23	MF	大岡《おおおか》　凜道《りんどう》	33	MF	中谷《なかや》　桜太朗《おうたろう》
24	MF	大木《おおき》　亮和《りょうわ》	34	DF	西野《にしの》　陽向《ひなた》
25	DF	影原《かげはら》　望《のぞむ》	35	DF	増井《ますい》　利空士《りくと》
26	MF	北川《きたがわ》　睦《りく》	36	DF	松島《まつしま》　凛人《りんと》
27	DF	久保田《くぼた》　悠月《ゆづき》	37	FW	水野《みずの》　隼佑《しゅんすけ》
28	MF	小枝《こえだ》　朔太郎《さくたろう》	38	MF	森下《もりした》　慶士《けいし》

ジュビロ磐田U-15（3年）

1	GK	河口《かわぐち》　新《あらた》	11	MF	片岡《かたおか》　蓮心《れんしん》
2	DF	森下《もりした》　賀一《かいち》	12	FW	川本《かわもと》　進之助《しんのすけ》
3	DF	伊東《いとう》　蒼太《そうた》	13	FW	松折《まつおり》　大弥《だいや》
4	DF	袴田《はかまた》　康介《こうすけ》	14	DF	鈴木《すずき》　大夢《だいむ》
5	DF	平岩《ひらいわ》　煌麻《こうま》	15	MF	高橋《たかはし》　東吾《とうご》
6	DF	伊藤《いとう》　心音《こころ》	16	GK	川嶋《かわしま》　謙之郎《けんしろう》
7	MF	坂本《さかもと》　雄哉《ゆうや》	17	DF	山本《やまもと》　晄大《こうた》
8	MF	大場《おおば》　創雅《そうが》	18	DF	和田《わだ》　明大《あきひろ》
9	MF	本多《ほんだ》　瑠偉《るい》			
10	MF	西岡《にしおか》　健斗《けんと》			

ジュビロ磐田U-15 CENTRAL（1年）

1	GK	河合《かわい》　俊哉《としや》	12	MF	小野田《おのだ》　凌《りょう》
2	DF	袴田《はかまだ》　敦斗《あつと》	13	MF	北嶋《きたじま》　優吾《ゆうご》
3	DF	石神《いしがみ》　透真《とうま》	14	FW	松坂《まつざか》　祥太朗《しょうたろう》
4	DF	酢谷《すたに》　啓人《ひろと》	15	DF	山下《やました》　綾斗《あやと》
5	DF	藤井《ふじい》　宏優《こうま》	16	GK	鳥谷部《とりやべ》　蒼生《あおい》
6	MF	土屋《つちや》　亮介《りょうすけ》	17	FW	鈴木《すずき》　夢琉《あむる》
7	MF	太田《おおた》　弥杜《みもり》	18	MF	鈴木《すずき》　悠斗《はると》
8	FW	名倉《なぐら》　颯哉《そうや》			
9	MF	袴田《はかまた》　勘助《かんすけ》			
10	MF	穂積《ほづみ》　希宙《まひろ》			
11	DF	太田《おおた》　穣《みのる》			

ジュビロ磐田U-15 CENTRAL（2年）

1	GK	黒江《くろえ》　宙晃《ひろあき》	12	MF	大賀《おおが》　徹郎《てつろう》
2	DF	南沢《みなみさわ》　佑斗《ゆうと》	13	MF	鈴木《すずき》　優太郎《ゆうたろう》
3	DF	角ケ谷《つのがや》　翔太《しょうた》	14	DF	佐藤《さとう》　翔《しょう》
4	DF	大塚《おおつか》　漣《れん》	15	DF	佐々木《ささき》　悠羽《ゆう》
5	DF	野中《のなか》　勇慎《ゆうしん》	16	GK	鈴木《すずき》　真央《まお》
6	FW	北谷《きたや》　奏太朗《そうたろう》	17	DF	丹野《たんの》　柚輝《ゆずき》
7	MF	鈴木《すずき》　友也《ともや》	18	MF	佐藤《さとう》　駿《しゅん》
8	MF	竹内《たけうち》　舞紅《まいく》	19	MF	永井《ながい》　陽太《ようた》
9	DF	天羽《てんば》　瑛大《えいと》			
10	FW	伊藤《いとう》　知紘《ちひろ》			
11	FW	鈴木《すずき》　大貴《だいき》			

ジュビロ磐田U-15 CENTRAL（3年）

1	GK	鳥谷部《とりやべ》　莉央《りお》	12	DF	中面《なかつら》　颯馬《そうま》
2	DF	柳谷《やなぎや》　信汰郎《しんたろう》	13	MF	尾沼《おぬま》　榛希《はるき》
3	MF	鈴木《すずき》　祥太《しょうた》	14	DF	三岡《みつおか》　叶人《かなと》
4	DF	花蔵《はなくら》　立《りゅう》	15	MF	中川《なかがわ》　祥吾《しょうご》
5	DF	青島《あおしま》　幸汰《こうた》	16	GK	村松《むらまつ》　薫《かおる》
6	MF	桃井《もものい》　碧《あお》	17	FW	熊谷《くまがい》　光流《ひかる》
7	MF	後藤《ごとう》　彪峻《あやたか》	18	MF	畑中《はたなか》　碧月《みづき》
8	DF	袴田《はかまた》　英昌《えいしょう》	19	MF	藤井《ふじい》　拓輝《たくと》
9	MF	伊藤《いとう》　蓮汰郎《れんたろう》	21	FW	金子《かねこ》　暖《ひなた》
10	FW	髙塚《たかつか》　耀太《ようた》	22	FW	杉浦《すぎうら》　亜門《あもん》
11	FW	渥美《あつみ》　透相《とうあ》			

ジュビロ磐田U-15 EAST（1年）

1	GK	佃《つくだ》 竜成《りゅうせい》	11	MF	吉浦《よしうら》 イオリ《いおり》
2	DF	山路《やまじ》 貴斗《たかと》	12	MF	中村《なかむら》 涼《りょう》
3	MF	加藤《かとう》 央楽《ちから》	13	MF	中村《なかむら》 光志《こうし》
4	DF	田邊《たなべ》 心之介《しんのすけ》	14	DF	栗田《くりた》 錦《にしき》
5	FW	杉本《すぎもと》 煌太《こうた》	15	MF	長谷川《はせがわ》 京生《けい》
6	MF	寺田《てらだ》 真大《まひろ》	16	GK	笹垣《ささがき》 虎汰郎《こたろう》
7	MF	池本《いけもと》 翔山《しょうざん》	17	MF	鈴木《すずき》 悠仁《はると》
8	MF	大庭《おおば》 莉愛斗《りあと》	18	DF	山下《やました》 巡瑠《めぐる》
9	MF	山田《やまだ》 統也《とうや》			
10	MF	野末《のずえ》 康太《こうた》			

ジュビロ磐田U-15 EAST（2年）

1	GK	向達《こうだつ》 海樹斗《みきと》	11	DF	大石《おおいし》 陽也《ひなり》
2	DF	金原《きんばら》 桐也《とうや》	12	DF	高野《たかの》 宏太朗《こうたろう》
3	FW	向達《こうだつ》 碧樹斗《あきと》	13	DF	土代《つちしろ》 悠人《ゆうと》
4	DF	松下《まつした》 煌汰《こうた》	14	MF	鈴木《すずき》 汰侑《たいゆう》
5	MF	鈴木《すずき》 斗真《とうま》	15	FW	櫻井《さくらい》 莉翁《りお》
6	DF	大橋《おおはし》 俐仁《りひと》	16	GK	袴田《はかまた》 周兵《しゅうへい》
7	MF	赤堀《あかほり》 礼《らい》	17	FW	森近《もりちか》 洵紀《じゅんき》
8	MF	岡本《おかもと》 琉我《りゅうが》	18	MF	野中《のなか》 雄介《ゆうすけ》
9	MF	戸塚《とつか》 楓翔《ふうが》	19	DF	溝口《みぞぐち》 信慈《しんじ》
10	MF	松下《まつした》 力玖《りく》			

ジュビロ磐田U-15 EAST（3年）

1	GK	伊藤《いとう》 匠叶《たくと》	11	MF	曽根《そね》 真斗《まなと》
2	DF	中山《なかやま》 空《そら》	12	MF	藁科《わらしな》 颯真《そうま》
3	DF	近江《おおみ》 大輝《だいき》	13	MF	松浦《まつうら》 颯《はやて》
4	DF	荒川《あらかわ》 貴哉《たかや》	14	MF	鈴木《すずき》 優作《ゆうさく》
5	MF	土屋《つちや》 吟侍《ぎんじ》	15	MF	鈴木《すずき》 颯《そう》
6	DF	赤堀《あかほり》 颯真《そうま》	16	GK	小澤《おざわ》 周央《しゅお》
7	FW	菊地《きくち》 憂也《ゆうや》	17	DF	山田《やまだ》 桜《しゅん》
8	DF	河合《かわい》 和津樹《かづき》	18	MF	鈴木《すずき》 脩太《しゅうた》
9	FW	益井《ますい》 晴《はる》			
10	MF	樺山《かばやま》 知幸《ともゆき》			

ジュビロ磐田U-15 WEST（1年）

1	GK	植村《うえむら》 椋介《りょうすけ》	11	DF	岩塚《いわつか》 湊登《みなと》
2	DF	松野《まつの》 悠輝《ゆうが》	12	MF	今泉《いまいずみ》 洸《こう》
3	MF	森坂《もりさか》 潤《じゅん》	13	FW	藤本《ふじもと》 寛太《かんた》
4	DF	青野《あおの》 寛暉《ひろき》	14	DF	天野《あまの》 晟《じょう》
5	DF	小川《おがわ》 蒼空《そら》	15	MF	中村《なかむら》 翔真《しょうま》
6	MF	枦川《はしかわ》 倭《やまと》	16	GK	森山《もりやま》 天太《てんた》
7	DF	西留《にしどめ》 健隼《けんと》	17	MF	白井《しらい》 幸史朗《こうしろう》
8	DF	鈴木《すずき》 俊太朗《しゅんたろう》	18	FW	青葉《あおば》 颯眞《そうま》
9	MF	今泉《いまいずみ》 英士《えいじ》			
10	MF	中津川《なかつがわ》 蓮《れん》			

ジュビロ磐田U-15 WEST（2年）

1	GK	菅本《すがもと》 翔愛《とあ》	11	MF	寺田《てらだ》 光希《みつき》
2	MF	村松《むらまつ》 壱都《いっと》	12	MF	柴田《しばた》 龍人《りゅうと》
3	DF	石津《いしづ》 吉平《きっぺい》	13	DF	藤田《ふじた》 龍雅《りゅうが》
4	MF	佃《つくだ》 桜輔《おうすけ》	14	FW	飯田《いいだ》 康晴《こうせい》
5	DF	石原《いしはら》 眞翔《まなと》	15	MF	四ノ宮《しのみや》 蓮人《れんと》
6	FW	荒尾《あらお》 柚貴《ゆずき》	16	GK	久島《くしま》 有輝也《ゆきや》
7	MF	水谷《みずたに》 龍人《りゅうと》	17	DF	竹山《たけやま》 瑞紀《みずき》
8	DF/MF	梅津《うめづ》 咲太郎《さくたろう》	18	DF	齋藤《さいとう》 大華《たいが》
9	MF/FW	今田《いまだ》 武琉《たける》	19	MF	金子《かねこ》 颯佑《そうすけ》
10	MF/FW	伊藤《いとう》 煌生《こうき》	20	DF	西村《にしむら》 譲一郎《じょういちろう》

ジュビロ磐田U-15 WEST（3年）

1	GK	安間《あんま》 嵩虎《たかとら》	11	MF	船越《ふなこし》 佑磨《ゆうま》
2	DF	安永《やすなが》 和磨《かずま》	12	MF/FW	西本《にしもと》 楓臥《ふうが》
3	DF	大石《おおいし》 悠貴《はるき》	13	MF	深谷《ふかや》 凌央《りょう》
4	DF	千葉《ちば》 健心《けんしん》	14	MF/FW	守屋《もりや》 慶《けい》
5	DF	多田《ただ》 晴輝《はるき》	15	DF/MF	山口《やまぐち》 桜雅《おうが》
6	MF	竹山《たけやま》 朋希《ともき》	16	GK	高木《たかぎ》 斎起《いつき》
7	MF/FW	浅倉《あさくら》 大雅《たいが》	17	DF/MF	島津《しまづ》 奏心《かなと》
8	MF	内山《うちやま》 瑛介《えいすけ》			
9	FW	鈴木《すずき》 琢斗《たくと》			
10	FW	服部《はっとり》 公紀《こうき》			

（5月12日時点）

U-18

高円宮杯 JFA U-18 サッカープレミアリーグ 2023 WEST

節	月　日	キックオフ	対戦相手	会　場	結果
1	4月2日（日）	11:00	米子北高校	磐田スポーツ交流の里ゆめりあ球技場	△1-1
2	4月9日（日）	11:00	神村学園高等部	OSAKO YUYA stadium	●2-5
3	4月16日（日）	13:00	名古屋グランパスU-18	磐田スポーツ交流の里ゆめりあ球技場	●0-2
4	4月22日（土）	14:00	履正社高校	J-GREEN堺 S1メインスタジアム	●3-4
5	5月6日（土）	11:00	ヴィッセル神戸U-18	ヤマハスタジアム	●2-3

U-15
トップ

高円宮杯 JFA U-15サッカーリーグ2023東海

節	月　日	キックオフ	対戦相手	会　場	結果
1	2月25日（土）	10:00	浜松開誠館中	上大之郷グラウンド	●1-4
2	3月5日（日）	13:00	みよしFC	上大之郷グラウンド	○4-0
3	3月19日（日）	14:00	名古屋グランパスU-15	トヨタスポーツセンター	●0-4
4	3月26日（日）	15:00	名古屋FC EAST	元浜サッカー場	●0-3
5	4月9日（日）	11:00	刈谷JY	上大之郷グラウンド	●2-4
6	4月16日（日）	14:30	豊田AFC	五ヶ丘運動広場	●0-3
7	4月23日（日）	12:00	清水エスパルスジュニアユース	鈴与三保グラウンド	●0-3
8	4月29日（土・祝）	13:00	FC.フェルボール愛知	上大之郷グラウンド	○4-2
9	5月6日（土）	15:00	静岡学園中学校	ヤマハスタジアム	△0-0

U-15
CENTRAL

高円宮杯 JFA U-15サッカーリーグ2023静岡 TOP

節	月　日	キックオフ	対戦相手	会　場	結果
1	2月19日（日）	14:00	浜松FC	ヤマハ加茂グラウンド	△1-1
2	2月23日（木・祝）	14:30	藤枝明誠SC	上大之郷グラウンド	○4-0
3	2月25日（土）	14:30	HONDA FC U-15	Honda細江グラウンド	●0-3
4	3月5日（日）	14:00	FC桜が丘	ヤマハ加茂グラウンド	○2-1
5	3月11日（土）	15:00	清水エスパルスSS富士	ヤマハ加茂グラウンド	○2-1
6	3月19日（日）	14:00	藤枝東FC	ヤマハ加茂グラウンド	●1-3
7	4月9日（日）	14:00	アスルクラロ沼津U15	ヤマハ加茂グラウンド	●0-5
8	4月16日（日）	16:30	FC FUJI	エスプラット フジスパーク	●0-2
9	4月23日（日）	14:00	清水エスパルスSS静岡	ヤマハ加茂グラウンド	●1-3
10	4月29日（土・祝）	15:00	浜松FC	ヤマハ加茂グラウンド	●1-4

U-15
WEST

高円宮杯 JFA U-15サッカーリーグ2023静岡 1部

節	月　日	キックオフ	対戦相手	会　場	結果
1	2月19日（日）	15:30	SALFUS oRs	ヤマハ加茂グラウンド	●0-3
2	2月23日（木・祝）	10:00	清水エスパルスセカンド	ヤマハ加茂グラウンド	●0-3
3	2月26日（日）	14:00	清水エスパルスジュニアユース三島	ヤマハ加茂グラウンド	△1-1
4	3月4日（土）	15:00	浜松開誠館中セカンド	磐田スポーツ交流の里ゆめりあ球技場 多目的グラウンド	○5-1
5	3月11日（土）	16:30	ジュビロ磐田U-15セカンド	ヤマハ加茂グラウンド	○6-1
6	3月19日（日）	11:30	東海大学付属静岡翔洋中学校	浜松開誠館総合グラウンド	○4-3
7	4月9日（日）	10:30	清水エスパルスSS藤枝	サーラグリーンフィールド浜北平口サッカー場	●1-3
8	4月16日（日）	14:00	掛川JFC	ヤマハ加茂グラウンド	○3-1
9	4月23日（日）	15:30	浜名JYクラブ	ヤマハ加茂グラウンド	●1-3
10	5月3日（水・祝）	13:00	SALFUS oRs	Honda細江グラウンド	●0-1

U-15
EAST

高円宮杯 JFA U-15サッカーリーグ2023静岡 2部

節	月　日	キックオフ	対戦相手	会　場	結果
1	2月19日（日）	15:30	静岡学園中セカンド	オイスカ浜松国際高校グラウンド	○2-1
2	2月26日（日）	10:00	ソーニョFC掛川	浜岡総合陸上競技場	○1-0
3	3月5日（日）	11:30	清水FC	西ヶ谷陸上競技場	○3-0
4	3月21日（火・祝）	13:30	聖隷JYSC	オイスカ高校グラウンド	○2-1
5	4月9日（日）	11:30	オイスカFC	オイスカ高校グラウンド	●0-3
6	4月16日（日）	13:30	清水エスパルスSS榛原	上大之郷グラウンド	○4-1
7	4月22日（土）	11:30	Fukuroi FC	浜岡総合運動場陸上競技場	○4-0

ジュビロ磐田は、より多くの皆様と夢と感動を分かち合うことを願い、地域に根ざしたスポーツクラブを目指して活動しています。その活動の一部を紹介します。

HOME TOWN ACTIVITY REPORT ホームタウン活動レポート

4/7金 入学キャンペーン

磐田市内全小学校の入学式が行われ、ジュビロくんは竜洋西小学校の入学式に参加。全小学校の新入生には、磐田市とジュビロ磐田で共同制作した交通安全バッグを贈呈しました。

3/12日 ジュビロ磐田レディースサッカー交流会

ジュビロ磐田レディースと静岡FID女子サッカー教室が、上大之郷グラウンドにてサッカー交流会を行いました。全員ミックスでの試合ではゴールシーンで大いに盛り上がり、充実した交流会となりました。

3/12日 みんなで軽トラ市 いわた☆駅前楽市

磐田駅北側のジュビロードで開催された軽トラ市。ジュビロ磐田・静岡ブルーレヴズ・静岡SSUボニータのブースが一列に並び、ジュビロ磐田ホームタウン推進協議会主催の応援メッセージ企画では、たくさんの熱い応援の声が集まりました。

ジュビロ磐田は
シャレン(社会連携)活動を通じてSDGsに貢献しています。

磐田市 家康公ゆかりの地

遠州周遊絵図

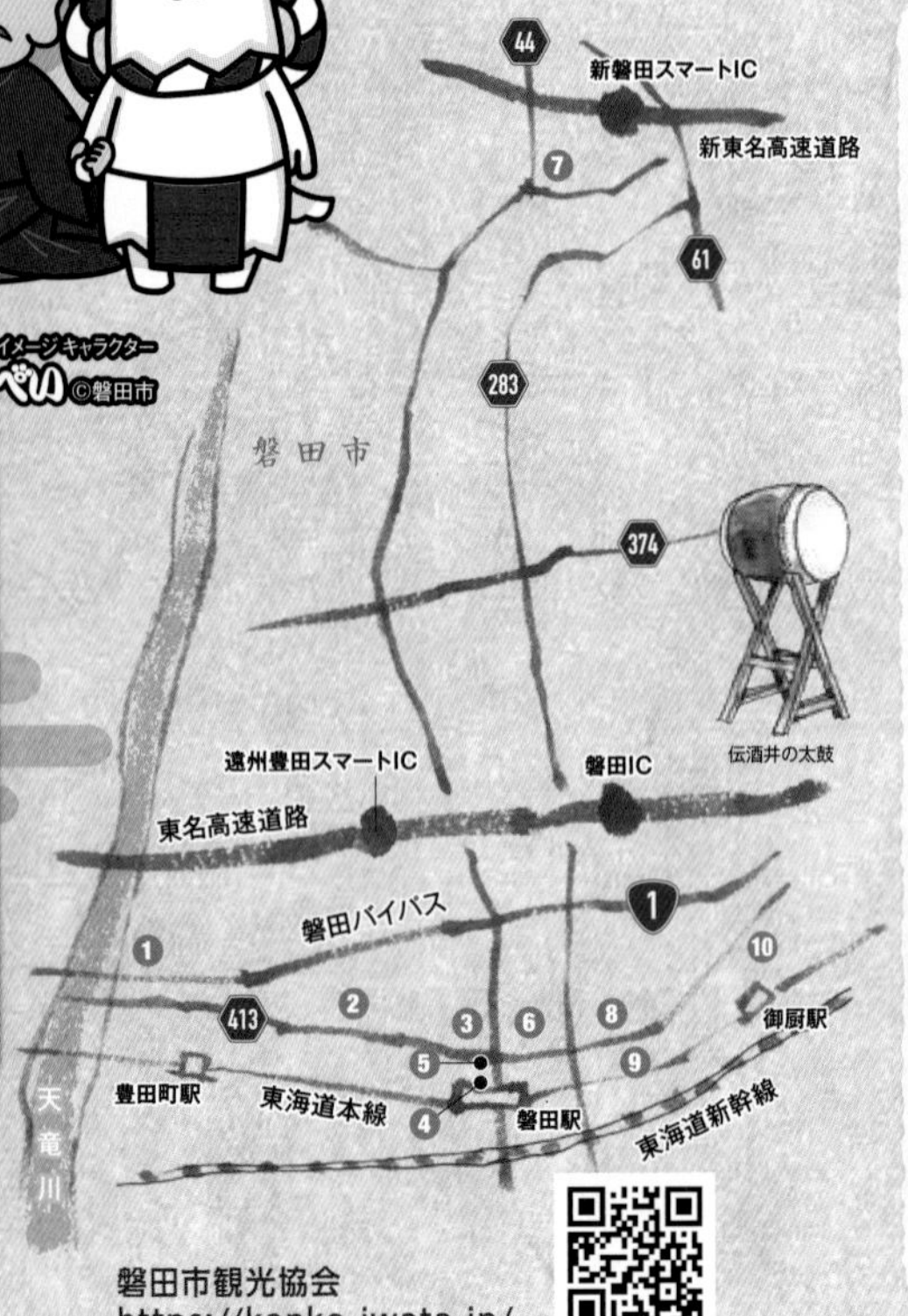

磐田市観光協会
https://kanko-iwata.jp/

❶天竜川渡船場跡

武田軍に追われていた家康公が、危急を救ってくれた恩賞として池田船方衆に天竜川の渡船権を与えたとされる。

住 磐田市池田

❷一言坂の戦跡

1572年、武田軍に敗れた徳川軍が一言坂で追いつかれ、殿を務めた本多平八郎が活躍をしたことで知られている。

住 磐田市一言2918-2地先県道脇

❸旧中泉御殿表門(西光寺)

家康公の命を受けた伊奈忠次により1584年~87年ごろに築かれた御殿の表門とされる。

住 磐田市見付3353-1
☎ 0538-32-4216

❹旧中泉御殿裏門(西願寺)

家康公の命を受けた伊奈忠次により1584年~87年ごろに築かれた御殿の裏門とされる。

住 磐田市中泉254-1
☎ 0538-32-4800

❺家康公お手植えのソテツ

市内中泉地内に小笠寺という寺院があり、家康公がこの寺院にお手植えしたソテツと伝えられている。

住 磐田市国府台3-1 磐田市役所

❻伝酒井の太鼓(磐田市旧見付学校)

1572年、三方ヶ原の戦いに敗れた家康公の窮地を救った酒井忠次が浜松城で打ち鳴らした太鼓と伝えられている。

住 磐田市見付2452
☎ 0538-32-4511

❼社山城跡

徳川軍と武田軍の抗争の場となったといわれる平山城で、城跡には曲輪、堀切などの遺構が残されている。

住 磐田市社山471-2、472

❽家康公奉納の鐘(宣光寺)

梵鐘は、家康公が施主となり1587年に宣光寺地蔵菩薩のために寄進されたもの。

住 磐田市見付1340-1
☎ 0538-32-2489

❾城之崎城跡

家康公は1569年から城を築き始めたが、戦略上不利と考え造営を中止し、浜松城に本拠を移したといわれている。

住 磐田市見付190 城山球場

❿大日堂(物見の松)

本多平八郎が木原(袋井市)に陣を置いた武田軍を大日堂にあった大松に登り偵察したといわれている。

住 磐田市三ケ野1226-1

クラブインフォメーション CLUB INFORMATION

2024シーズン加入内定選手

GK 杉本光希 Mitsuki SUGIMOTO

- 生年月日：2001年8月17日（21歳）
- 出身地：新潟県
- 身長／体重：181cm／76kg
- サッカー歴：桃山クラマーズ→山の下中学校→ジュビロ磐田U-18→立正大学（現在4年生）

GK 中島佳太郎 Keitaro NAKAJIMA

- 生年月日：2001年6月6日（21歳）
- 出身地：静岡県磐田市
- 身長／体重：186cm／81kg
- サッカー歴：ジュビロSS磐田→ジュビロ磐田U-15→ジュビロ磐田U-18→常葉大学（現在4年生）

新規スポンサーご紹介

株式会社伊藤園
H.K.K株式会社
株式会社HTC
株式会社エスピーエス
株式会社協和アルテック
株式会社サンライズジャパンホールディングス
静岡軽粗材株式会社
株式会社スリーアール
セイワ・サポート株式会社
ニシリク株式会社
株式会社HATT
ぴあ株式会社
フジアルテ株式会社
株式会社マーサメディカル
山大株式会社

サポーターズクラブ 新規法人会員ご紹介

有限会社サニーフィールド

ジュビロ磐田サポーターズクラブ会員 NEWS

2024シーズンより、サポーターズクラブ会員制度リニューアル！

ジュビロ磐田サポーターズクラブは、ライフスタイルに合わせてジュビロの応援が楽しめる会員制度に生まれ変わります！
新制度の詳細はジュビロ磐田公式HPにてお知らせいたします。お楽しみに！

年会費の減額について

2024年1月からの新制度移行に伴い、現サポーターズクラブが2023年12月末で終了するため年会費の減額がございます。
※2023年1月以降にサポーターズクラブ会員を継続される方が対象

請求月数	個人	ファミリー	ユース	ジュニア
12ヶ月分	4,000円	1,000円	2,000円	1,000円
11ヶ月分	3,670円	920円	1,840円	920円
10ヶ月分	3,340円	840円	1,680円	840円
9ヶ月分	3,010円	760円	1,520円	760円
8ヶ月分	2,680円	680円	1,360円	680円
7ヶ月分	2,350円	600円	1,200円	600円
6ヶ月分	2,020円	520円	1,040円	520円
5ヶ月分	1,690円	440円	880円	440円
4ヶ月分	1,360円	360円	720円	360円
3ヶ月分	1,030円	280円	560円	280円
2ヶ月分	700円	200円	400円	200円
1ヶ月分	370円	120円	240円	120円

ご注意ください！

2023年12月末を以てすべてのポイント取得・特典交換が終了となります。
※2023年に獲得したポイントや残ポイントは2023年12月末で失効となります。

サポーターズクラブ会員専用「マイページ」へのログインはこちらから

■お問合せ先　ジュビロ会員センター　電話0538-36-2000（10:00〜12:30、13:30〜17:00／日月休）

ご登録住所の変更の反映は1か月程度を要するため、場合によっては郵便物が変更前の住所に届く可能性があります。ご注意ください。

年会費について　サポーターズクラブの年会費に関しまして、入会時に指定された方法によって、自動継続となりますので、ご注意ください。（会員規約10条）
※有効期限はマイページにてご確認下さい。 ※カテゴリ切替の受付は、有効期限前月から前月末（会社営業日）までとなります。

グッズ de い〜に
goods de i〜ni

Jリーグ昇格30周年 記念ユニフォーム デザイン決定!

ジュビロ磐田のJリーグ昇格30周年を記念した限定ユニフォームのデザインが決定しました!

勝利へと向かい勝ち星を重ね続ける想いをゴールドで表し、ジュビロの伝統と未来をいつまでも紡いでいくという意志をジャガード織で表現しました。

袖には再帰反射マークを採用し、磐田の夏に輝く蛍のように、サポーターの力でスタジアムを輝かせたいという想いを込めています。

試合での初お披露目は、8/6(日)仙台戦のJリーグ昇格30周年記念マッチ! その他、8月〜9月の公式戦にて着用予定です。


販売についての詳細は、後日ジュビロ磐田公式HPでお知らせいたします。30周年記念グッズも続々企画中。お楽しみに!

Jリーグ
オンラインストア
▼

お求めは

☆ジュビロショップ磐田
tel.0538-34-5684
営業時間／平日12:00-19:00、土日祝10:00-19:00
月定休(祝日を除く)

☆ジュビロショップサーラプラザ浜松
tel.053-545-6001
営業時間／平日11:00-18:00、土日祝10:00-18:00
月定休

大切なお知らせ
ジュビロe-shopは2023年6月より Jリーグオンラインストアに移行します。

Admiral

ISBN978-4-7838-8070-7 C0075 ¥380E 印刷所・佐川印刷株式会社

Júbilo 2023 JÚBILO IWATA SUPPORTER'S MAGAZINE 2023年5月25日発行・第147号